子どものおしゃれにどう向き合う？ 装いの心理学

鈴木公啓 Suzuki Tomohiro

JN178534

★――ちくまプリマー新書
488

目次 ＊ Contents

はじめに

1．おしゃれの低年齢化？

「おしゃれの低年齢化」が話題にのぼることが増えたように思います。特にこの10年ほどはそれが顕著な気がします。確かに、世の中に目を向けてみると、子どものおしゃれに関する産業は一大産業となっていて、街中には子どものおしゃれへの興味や関心をかき立てるような商品やサービスがあふれています。テレビやインターネット上には、大人顔負け（?）のおしゃれをしている子どもが登場していますし、本屋や図書館には、子ども向けのおしゃれ専門の雑誌や書籍が並んでいます。ショッピングモールや百貨店には、子ども向けファッションブランドのお店が並んでいますし、子ども向けのファッションショウのアナウンスが掲示されたりすることもあります。そのような状況もあってか、確かに一昔前に比べて、おしゃれに興味や関心を持つ子ども、そしておしゃれな子どもが増えたようにも思われます。

しかし、おしゃれの低年齢化は本当に起こっていることなのでしょうか。そして、子どもたちは昔よりもおしゃれに興味や関心を持つようになっているのでしょうか。それとも、おしゃれな少数派の子どもが私たちの目にとまっているだけなのでしょうか。

おしゃれの低年齢化が生じているかどうかは、実のところ、判断が難しい部分がありますす。たとえば、大人のおしゃれで考えてみた場合、20年前と今ではどちらがおしゃれでしょうか。流通しているアイテムがそもそも異なりますし、入手のしやすさや価値も異なります。おしゃれの基準も異なります。もちろん、それぞれの時代においておしゃれな人もいればそうでない人もいるでしょう。しかし、2つの時代でどちらの人々がおしゃれなのかを判断することは難しいでしょう。

そもそも、なにをもっておしゃれとするかは同じ時代の中でもそう簡単には決められません。金額だけで決められるものでもないし、所有しているアイテムの数だけでも決められない。着こなしの良さだとしたら、なにをもって着こなしの良さとするのでしょうか。これも時代の影響を受けそうです。そのように考えてみると、子どもが以前よりもおしゃれになっているかどうかという判断は、なかなか難しいものだといえます。

とはいえ、アイテムの様子が異なるということはいえそうです。少し前までは、子どもは「子どもらしい」子ども服を着ていました。しかし現在は、小学生であっても10代後半のような衣服もしくは大人の人たちが着るような衣服を着ている子どもを目にすることもあります。また、従来は子どもがしていなかったような化粧をしている子どもを目にすることもあります。それらは、従来の「子どもらしい」ファッションではなく、「大人顔負け」のファッションといえるでしょう。そのような服を子どもが着ていたり化粧をしていたりすると、これまでの子どもらしいおしゃれと異なるため、人によっては、おしゃれが低年齢化したととらえてしまうのかもしれません。

しかし、子どものおしゃれへの興味や関心は、最近になって生じたことではなく、以前からある程度はあったのではないでしょうか。親に隠れて親の口紅を塗ってみる、親の整髪剤をこっそり使ってみる、そのような経験がある人も読者の中にいるのではないでしょうか。とはいえ以前は、それらの行動は一般的に、親そして社会に許容されるようなものではなかったため、表立った行動としてあまり現れなかったのだと考えられます。

しかし最近は、社会が子どものおしゃれに対してある程度許容的になってきたこともあり、子どもがそのおしゃれ心を行動として表出しやすくなっているのだと考えられます。そこには、子どものおしゃれのアイテムの選択肢が広がり、購入しやすくなったことも関係しているでしょう。子どもたち自身が急激に見た目やおしゃれに関心を持つようになったというよりは、周囲の環境や社会の変化によっておしゃれが顕在化してきた可能性があります。

2. 本書で試みたいこと

子どものおしゃれについて、それを非難する声もあるかもしれません。しかし、非難するだけでは何も理解に結びつきません。そもそも、非難すべきことなのかどうかも、答えは出しにくい（出せない？）ものだといえます。

人々は、子どものおしゃれに対して知識が不足しており、また認識も不十分なのが現状ではないでしょうか。だからこそ、大人は子どものおしゃれに対して眉をひそめたり非難したりするのかもしれません。まずは現状を適切に把握し、そして理解することによって、子どものおしゃれに対して大人や周りの人がどのように向き合っていく必要があるかが見えてくると考えられます。さらに、子どもへの適切なかかわり方の模索へとつながる可能性もあります。

そして、10代の若い読者（いるとしたら！）にとっても、子どものおしゃれについて理解し考えることは、自分のこれからのおしゃれを考えていくうえで役に立つかもしれません。人はずっと死ぬまで身体の見た目を整え飾っていきます。そのため、自分がおしゃれを今、そしてこれからどう使いこなしていくか、そしてそもそもおしゃれにはどのような特徴や意味があるのかについて考えることは、皆さんのこれからの人生を豊かにすることの手助けになるかもしれません。

現在の社会は、おおむね自由におしゃれを楽しめる状況を作り出しているといえるでしょう。そこでおこなわれている子どものおしゃれからは、なにが見えてくるでしょうか。子どもはどのようなおしゃれをしているのでしょうか。そのおしゃれは何の影響を受けているのでしょうか。そのおしゃれは何か問題を生じさせるのでしょうか。問題がある場合、どのような対応が考えられるのでしょうか。そして親や社会はどのように向き合っていく必要があるのでしょうか。さらに突き詰めて言えば、そもそも、子どもにとっておしゃれというのはどのような意味を持っているのでしょうか。

本書は心理学の観点から、現在の日本社会における子どものおしゃれに対する意識や行動の実態、その背景にあるもの、また、そこから生じるものを中心に、読み解いていきたいと思います。

その際、基本的には女子を対象とした知見を中心に紹介していく予定です。というのも、従来の研究では、子どもの時点で女子の方が見た目や装いへの興味や関心が高くおしゃれの行動もおこなっていることが確認されているからです。そして、そのようなこともあって、女子を対象としたデータの方が豊富にあるからです。

なお、本書の特徴として、調査データをたくさん掲載したことが挙げられます。一般的な新書よりもかなり多めなのではないでしょうか。また、統計分析による指標も出てきます。これは、より適切に伝わるようにという意図で記載をしています。数字が苦手という方もいるかもしれませんが、その数値の説明はおこなっていますし、数値を見ないでも伝わるように書いているのでご安心ください。ただ、せっかくなので、数値にも目を向けてもらえるとうれしいです。

なお、本書ではこれまで私がおこなってきた調査のデータも複数扱っています。未公開の最新データもいくつかありますが、そのうち何度も出てくる未公開の調査については、本書内で調査Aと調査Bとしています。どちらも2024年に全国の小学生女子を対象におこなった調査です。

3. おしゃれそのものに「よい」「わるい」はない

子どものおしゃれについて見ていく前に、大前提として共有しておきたいことが一つあります。それは、おしゃれそのものには「よい」とか「わるい」とかはないということです。その文化や時代によって、一般的なおしゃれや見慣れないおしゃれ、よしとされるおしゃれやそうでないおしゃれなどは確かにあります。お歯黒を今見たらとても不自然に感じるでしょうし、半世紀前であれば、ピアスなどは決して許されなかったでしょう。しかし、江戸時代であればお歯黒は普通であり、今やピアスは立派におしゃれの一つになっています。あくまでも、その時のその社会がどうとらえるかというだけの話であり、おしゃれそのものによしあしはないのです。そのような観点で読み進んで頂けたらと思います。その方が、本書で提示しているさまざまな知見を、偏りなく読み解いていくことができると思います。

本書が、読者の皆さんの子どものおしゃれに対する見方の幅を広げるお役に立つことができれば幸いです。それでは、広くて深い子どもとおしゃれと心理学の世界への扉を開けて進んでみましょう。

第1章　おしゃれと装いの心理学

はじめに、本書での「おしゃれ」についての認識を、読者の皆さんとすりあわせておきたいと思います。それをしておかないと、お互いの想定する内容がズレて、伝えたいことが伝わらなくなってしまうからです。

おしゃれは「装い」の一側面といえます。では、装いとは何でしょうか。皆さんは、装いと聞いた場合に何を思い浮かべるでしょうか。「和の装い」、「華やかな装い」、「春の装い」などの言葉を思い浮かべた人もいるかもしれません。なんとなく、風流なものを思い浮かべる人が多いかもしれません。しかし、心理学での装いは、もっと広い内容を意味します。

そこで「おしゃれ」の前に、本書のキーとなる「装い」について説明しておきたいと思います。装いの特長について、特に機能を中心にまとめていきます。

1．心理学における「装い」

心理学における「装い」は、皆さんが思っているよりも多様なものを含み、また、多様な意味を持っています。装いは、広義には「さまざまな道具や手段を用いて自他の身体もしくは自他の所有物を整え飾り外観を変化させること、およびその結果としての状態[1]」と定義されます。

つまり、見た目を変化させるためのあらゆることが含まれるわけです。たとえば、化粧品を体に塗ることによる化粧、衣服を身につけることによる服装（着装）、アクセサリーを身に着けることによる着装などがあります。整髪・染髪（髪を切ったり整えたり染めたりすること）、ネイル、日光浴などによる日焼け、ピアスや美容整形、ダイエットによって痩せたりボディビルによって筋肉隆々の体にしたりすることなども含まれます。[2]また、しぐさや歩容《ほよう》（歩き方）なども含まれます。とにかく、見た目を変えるためのすべてのものやその結果としての状態を「装い」といいます。

ちなみに、文化人類学などでは、身体装飾という言葉を使いますが、これは装いとほぼ同義の言葉です。また、身体に直接加工をおこなったり形を直接変えるような装いを

図1-1　装いの種類とその分類

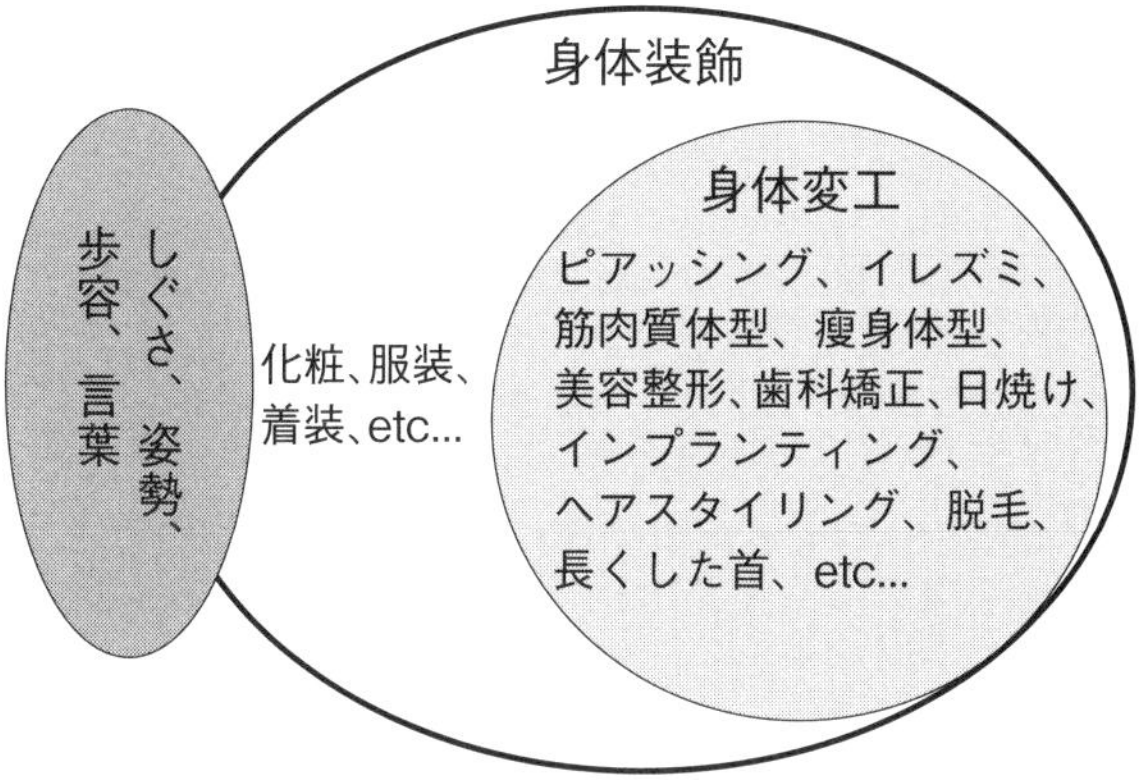

注：鈴木公啓『装いの心理学　整え飾るこころと行動』（北大路書房、2020年）をもとに作成。

身体変工と言います。つまり、ピアスや、美容整形や、ダイエットにより痩せた体型になることなどは、身体変工に含まれます。これも装い／身体装飾の一つです。装いの種類をまとめてみると、図1-1のようになります。ここにあるのは装いの一部ではありますが、多様な種類があることが伝わると思います。

2．装いの時間的・文化的普遍性

「はじめに」で、時代によっておしゃれは異なるという話をしましたが、「装い」や「装うこと」そのものには、時間を超えた普遍性と文化を超えた普遍性があります。

簡単にいうと、どのような時代であっても、どのような文化であっても、人は装いをおこなっているということです。装いのない時代や文化はありません。古今東西、地球上で人は装いをおこなってきましたし、これからもおこなっていくことでしょう。

まず、時間を超えた普遍性から考えてみましょう。江戸時代も、平安時代も、人々は装いをおこなっています。そして、縄文時代も装いはおこなっていたでしょう。もちろん、それぞれの時代において身に着けていた具体的なものは異なるでしょうが、その時代で入手できるものを身に着けていたと思われます。そして、過去だけでなく、これから先の未来においても、人は（今とは違うタイプかもしれませんが）装いをおこなっていることでしょう。どの時代でも装いをおこなっている、これが時間を超えた普遍性があるということです。

ちなみに、現在見つかっているもっとも古い装いの痕跡は、貝殻によるアクセサリーで、7万5千年前までさかのぼることができるそうです。[3] 体になにかを塗るといった装い、そしてなにかをまとうといった装いは、もっと古くからおこなわれていた可能性があります。ただ、そういう装いは痕跡が見つからない（残らない）ため、どのくらい昔からおこなわれていたかは、今のところ謎となっています。とはいえ、かなり昔からおこなわれていたと考えることはできるでしょう。

次に、文化を超えた普遍性です。どのような文化でも、その種類や内容は異なるとはいえ、必ず何かしらを身に着けて身体を飾ったりしています。[4] 現在の日本人であれば、普段は洋服を身にまとっています。今でも民族衣装を着用している文化もあります。また、一般に「裸族」といわれる人たちも、完全な裸ではなく、何かしら身に着けていたり、身体を加工したりしているといわれています。見た目についてまったく何も変化をさせない文化はありません。それが、文化を超えた普遍性があるということです。

3. 変化する装いの基準

装いそのものには普遍性がありますが、同時に、具体的な内容については変化が存在します。服装に目を向けてみると、１００年前の日本であれば着物（和服）を着ていることが一般的でしたが、今は日常生活ではあまりみかけません。それに、同じ洋服だったとしても、たとえば50年前と今では、異なった種類やスタイルのものをまとっているでしょう。たった数年前の服装や化粧が時代遅れとされることはよくありますし、今流《は》行《や》っている服装も、数年後（数ヶ月後⁉）には時代遅れとされるでしょう。

これは服装に限りません。江戸時代には江戸や京都で一般的とされていたお歯黒（涅《でっ》歯《し》といいます）は、明治時代を境としておこなう者はいなくなり、現在は見かけることはありません。もし今それを目にすることがあったら、ちょっとぎょっとしてしまうかもしれませんね。また、ピアスは不良のしるしと見なされて一般には受け入れられなかった時代からはじまり、その後若者文化となって、今はおしゃれとして受け入れられています。もしかすると、現在はまだ一般的とはいいがたい美容整形やタトゥーが、今後、一般的なおしゃれとして受け入れられる未来もあるのかもしれません。体型に関しても、太っていることに美しさを感じる時代もあれば、痩せていることに美しさを感じる時代もあります。日本においては現在、痩せていることに美しさを感じる時代ではありますが、今後、太っていることに美しさを感じる時代になることもありえます。

人は、このような変化、そしてその流行や社会的規範を意識しながら、自分の個性を発揮したり、もしくは流行に同調したり、そのせめぎ合いの狭間《はざま》で模索しながら、苦労しながら、そして楽しみながら、日々装いをおこなっているのです。

4. 装いが持つ3つの機能

装いにはいくつかの機能があります。つまり、装うことによって何かしらの働きが生じるということです。そしてその働きによって効用が生じます。

比較的身近なところで考えてみましょう。皆さんが日々おこなう装い、もしくは特別な日におこなう装いは何を生みだし、何をもたらすでしょうか。たとえば、夏に帽子をかぶるとどのようなことが生じるでしょうか。応援しているスポーツチームのカラーのTシャツを着るとどのようなことが生じるでしょうか。毎朝化粧をしたり、もしくはスーツを着たりすることによってどのようなことが生じるでしょうか。

装いによって生じる機能はいろいろな分け方ができますが、ここでは大きく3つに分けたものを紹介したいと思います。

1つ目が、身体管理機能です。これは、外界の刺激から身を守ったり身体の状態を調節することによって身体を快適に保ったり問題が生じたりしないようにする働きです。

日差しを遮るために長袖を着たり帽子をかぶったりする、磯《いそ》で足をケガしないようにサンダルを履く、寒さを防ぐために防寒性の高い衣服を着るといった場合は、身体管理機能が働くことを期待して装っているといえます。ちなみに、アイメイクは古代エジプト時代にはすでにおこなわれていたようですが、元々は虫による伝染病を防ぐために虫よけとして鉱物などを目の周りに塗ったことが始まりと言われています。また、お歯黒には虫歯予防の効果もあったと言われています。

2つ目が、社会的機能です。これは、装いによって身分や立場を示したり、所属する集団を自他に認識させたりする働きです。たとえば、警察官は警察官の制服を着ているために、他の人も一目でその人が警察官だと判断できます。もし制服がなかったらどうでしょうか。交番の前に立っている人がいたとして、その人が警察官かどうかわからず戸惑ってしまうのではないでしょうか。看護師の場合も同様です。病院で看護師が私服だとしたら、廊下にいる人が看護師か患者か患者の家族か判断がつかなくなってしまいます。また、リクルートスーツが就職活動の印になるのも、その機能による働きといえるでしょう。スポーツのユニフォームは、どのチームの所属かお互いに見分けることができますし、また、観客も簡単に判断することができます。そして、応援する観客同士も、応援するチームのカラーを身につけたりすることによって、それぞれがどのチームを応援しているかすぐわかります。そして、同じチームを応援している人たちは、同じものを身につけていることによって、「集団アイデンティティ」というものが喚起されることになります。つまり、仲間集団という意識が生まれます。

また、社会的機能には、特定の状態を示す働きも含まれます。たとえば、江戸時代には、結婚するとお歯黒をし、子どもが生まれると眉を剃《そ》る（引眉《ひきまゆ》といいます）風習がありました。これは、基本的には結婚しているか、子どもを産んだかどうかが一目でわかる機能を持っていました。[6]お歯黒の有無で未婚か既婚かが一目でわかるため、余計なトラブルをさけることができました。たとえば、アプローチした相手が実は既婚者で、アプローチした側が配偶者からひどい目に遭わされるということを避けることができるのです。また、子どもがいるかどうかは、妊娠出産が可能な体質であるということを伝えるものとなります。もちろんこれは、当時の文化的状況や価値感などが根底にあり、現在とは状況が異なりますが、装いはこのような機能も担うことがあります。なお、海外にも、結婚や出産により装いが変わったりする例がいくつもあります。

3つ目が、心理的機能です。これは、自分や他の人の心理面への影響を生じさせる機能です。主に、「対他的機能」と「対自的機能」という2つの心理的な働きがあります。[7]

対他的機能は、他者の目を通して生じる機能で、装いをおこない外観が変化することによって、他者が魅力的と評価したり個性的と評価したりする効用が生じます。そして、相手が自分に対して何かしらの印象を抱くことによって、行動にも影響が生じます。おしゃれな服を着ていたり小物を身につけたり、もしくはすてきな立ち振る舞いをしていれば、人は一般的には肯定的に評価するでしょう。一方、だらしなかったり汚かったり、またはあまりに奇抜なものを身にまとっていると、奇異の目を向けられ、人から避けられてしまうのではないでしょうか。簡単に言えばこれが対他的機能の働きです。

一方、対自的機能は、自分自身の目をとおして生じる機能で、装いによって気分が高揚したり自信が向上したり、もしくは不安が低減したりリラックスしたりといった効用が生じます。みなさんも、お気に入りの洋服を着たりネイルをしたりすることで気分が明るくなったという経験はあるのではないでしょうか。もしくは、スーツを着てネクタイを締めることによって気持ちが引き締まったということもあるかもしれません。

必ずしも対他的機能と対自的機能の両者が同時にうまくいくとは限りません。自分としてはその服装に満足しているのに他の人からは奇妙に見える、ということもあれば、自分はカットしたばかりの髪型に満足していないのに他の人からは似合っていると言われる、ということもあるでしょう。絶対に、というわけではないですが、両者がどちらもうまくいくことによって自身の心理的な満足度が高まり、そして社会への適応が促進されることになります。

さらに、自身の目と他者の目をとおして、自分がどのような人間であるのかという確認、つまりアイデンテティの確認もなされます。自分がどのような人間であるか、装いによっても確認がなされているのです。たとえば、急に普段と異なる服装をしたとしたら、自分らしさを感じずに戸惑ってしまうのではないでしょうか。

また、装いによって理想像に近づこうとしたり、もしくは求められる姿に近づけようとしたり、場合によってはありたくない姿から遠ざかろうとする試み、つまり、アイデンテティの変容の試みもなされます。あこがれの人と同じ髪型にする、仕事や立場にあった服装をする、太っているのが目立たないような服を着る、そのような試みによって自分の姿を調整するということは皆さんも経験があると思われます。

それだけでなく、身につけたり外したりすることによって自分を「切り替える」ということもおこなわれています。たとえば、化粧をすることによって仕事モードになり、そして化粧を落とすことによってリラックスモードになったりといったように、オンオフを切り替えるために装いが用いられることがあります。たとえばネクタイにも同じような働きがあるでしょう。もしくは、警察官の制服を着ることによって、警察官であるという自覚が喚起され警察官としてふるまうようになり、制服を脱ぐことによって一個人へ戻るということもあるでしょう。このように、役割を担ったり役割をおりたりするときに、装いの力を借りることがあるのです。

5. 装いの機能への期待

もちろん、装いの機能はこの3つのどれかに明確に分類できるとは限りません。帽子であれば、日差しを遮るためだけでなく、おしゃれを楽しむためにかぶるということもあるでしょう。また、スポーツのチームのメンバーが同じユニフォームを着ることによって、自分がどのような人間か自覚するとともに、チームメンバーへの帰属意識が喚起されて一体感を感じたりもします。私たちは、装いの多様な機能が複合的に働いている中で生活しているのです。

そして、人はその機能が十分に働くことを期待して、装いを選択しています。たとえば服装であれば、友人と出かける時には自分の気分の高揚や友人から褒められることを期待してお気に入りの衣服を着たり、何かの面接であれば相手に良い印象を持ってもらうためにぴしっとしたスーツを着たり、家でリラックスするためにゆったりとした服を着たり、もしくは登山するために体温調節機能に優れたウエアを着たりと、服装に期待する機能をそのときどきで考えて、その機能が働くであろう衣服を選択しているのです。そしてもちろん、服装以外のさまざまな装いも同様に、意識的・無意識的かはともかく、私たちは何かしらの機能を期待して装っているといえます。

6. 身だしなみとおしゃれ

装いの心理的・社会的機能は、その方向性によって2つに分けることができます。その2つとは、「整える装い」と「飾る装い」です。装いには、スキンケアをしたり、シミを隠したり、髪を整えたり、髭《ひげ》を剃ったりと、マイナスを抑える方向で、どちらかというと消極的に作っていくという「整える装い」の方向性があります。その場合、気分が落ち着くなど、沈静化の方向に心理的な変化が生じることが多いでしょう。一方、華やかさを演出したり、かっこよさを伝えようとしたり、場合によっては、外連味《けれんみ》のある格好で独特な印象を与えようとしたり、プラスを増やす方向で積極的に作っていくという「飾る装い」の方向性もあります。その場合、気分が高揚するなど、活性化の方向に心理的な変化が生じることが多いでしょう。私たちはそのような働きを期待し、そして場面によって使いわけているのです。外出するときには、おしゃれな服装をして気分の高揚を楽しみ、家に戻ったら、ルームウエアを着てリラックスする、このようなことが日々おこなわれています。

さて、この整える装いを「身だしなみ」とすれば、飾る方向の装いが、いわゆる「おしゃれ」となります。逆にいうと、「身だしなみ」は整える装いのことを意味し、「おしゃれ」は飾る装いのことを意味して使われているといえるでしょう。なお、「おしゃれ」といった場合、そこには、審美性だけでなくその人らしさというものが含まれることがあるかもしれません。つまり、単に流行の服を着たりしているだけでなく、その人のアイデンティティの反映として個性のある装いがおこなわれている場合も、おしゃれと言うことがあるでしょう。

7. 子どものおしゃれ

子どもにおけるおしゃれも同様です。程度によりますが、子ども向けのかわいい髪飾りをつけたりかっこいいキャラクターの靴を履いたりするようなことは「おしゃれ」と言えます。そしてそれは普通は問題とされません。一方で、化粧やネイル、そして、派手であったり露出度が高かったりする服装など、これまでの社会において子どもらしくないと見なされやすい華美な装いは、問題があるとされることが多くなります。

ここで重要なのは、あくまでも後者には「子どもにはまだ早い」という価値観が含まれているということです。化粧は、大人がおこなうことは一般的です。普通におこなっている分には華美とはいわないでしょうし、わざわざおしゃれしているとも言わないと思います。しかし子どもの場合には、それが一般的ではなく、そして従来の価値観としては子どもらしくないとされるものであるため、華美と判断されるのです。そして、そこに「おしゃれ」という言葉が使われているといえます。ちなみに、子どもが日焼け止めなどを使う場合は、それは飾る装いではなく整える装いということもあり、一般的にはあまりおしゃれとは見なされないことになります。

本書では、この、子ども（主に小学生や中学生）のおしゃれの実態とその心理的背景について、読み解いていきます。装いの種類としては、化粧、そしてダイエットによる体型変化を中心に扱っていく予定です。また、「飾る装い」ではなく、華美なおしゃれではないけれども、従来の子どもらしさにはあまりそぐわないと評価されるために問題とみなされがちな装いも、あわせて取り上げたいと思います。それは体毛処理（脱毛・除毛）です。本来は「整える装い」であり身だしなみに含まれるものではありますが、子どもの身体観や装いを考えていくうえで重要かつホットなテーマでもあるので、あえて取り上げたいと思います。

本章のまとめ

- 装いにはさまざまな種類のものが含まれる。
- 装いには時代や文化を超えた普遍性がある。
- 装いの基準は時代によって変化していく。
- 装いにはさまざまな機能がある。
- おしゃれは装いのうちの「飾る」という方向性のものを指している。

〈注〉

1 鈴木公啓編著『装いの心理学　整え飾るこころと行動』（北大路書房、2020年）
2 注1と同じ。
3 Vanhaeren, M., d'Errico, F., Stringer, C., James, S. L., Todd, J. A., & Mienis, H. K. (2006). Middle Paleolithic Shell Beads in Israel and Algeria. *Science, 312* (5781), 1785-788.
4 Entwistle, J. (2000). *The Fashioned body*. Polity Press Ltd.
5 注1と同じ。

6 江戸時代といっても長いのでどの時期なのか、また、京都か江戸かで微妙に違っていたようです。

7 注1と同じ。

第2章　見た目を意識する子どもたち

子どものおしゃれの話をする前に、子どもがそもそも「見た目」をどのくらい意識しているのか、そして、意識しているのであれば、なぜ・どのように意識するようになるのか、そのあたりを見ていきたいと思います。

読み進める前に、大人の皆さんはぜひとも想像してみてください。今の子どもはどのくらい見た目を意識していると思いますか。子どもは大人と異なり、あまり見た目を意識していないと思いますか。それとも大人と同じくらいに意識していると思いますか。

また、子どもが見た目を意識するとしたら、何がそこに影響していると思いますか。

子どもの皆さんも考えてみてください。あなたはどれくらい見た目を気にしていますか。見た目はあなたにとってどのくらい重要ですか。重要だとしたらそれはなぜですか。

1．現在の子どもたちの見た目への意識

結論から言うと、見た目を意識するのは大人だけではないことがこれまでの研究によって明らかにされてきました。特に女子において、外見を気にしている子どもが多いことがわかっています。[1・2] また、小学生女子のもっとも多い悩みは、顔やスタイルであるという報告もおこなわれています。[3]

それでは、具体的にどのくらい見た目を意識しているのか、2009年にベネッセ総合教育研究所がおこなった調査データを私が再分析したものを見てみましょう。[4] これは、小学4年生から高校2年生までの女子児童・生徒7132名（小学生は1814名、中学生は2012名、高校生は3306名）を対象にしたものになります。図2-1は、各学年の女子がどのくらい見た目を気にするかについてのデータをまとめたものです。「自分の外見（顔やスタイル）が気になる」について「1．とてもそう」から「4．ぜんぜんそうでない」の4件法（程度や頻度を段階で尋ねることを、○件法という言い方をします）で回答を求めてあります。結果を見てみると、「とてもそう」と「まあそう」を合わせると小学5年生で半数を超えています。そして、高校1年生時には85％に至ってい

図2-1　見た目が気になる程度（小学校4年生から高校2年生）

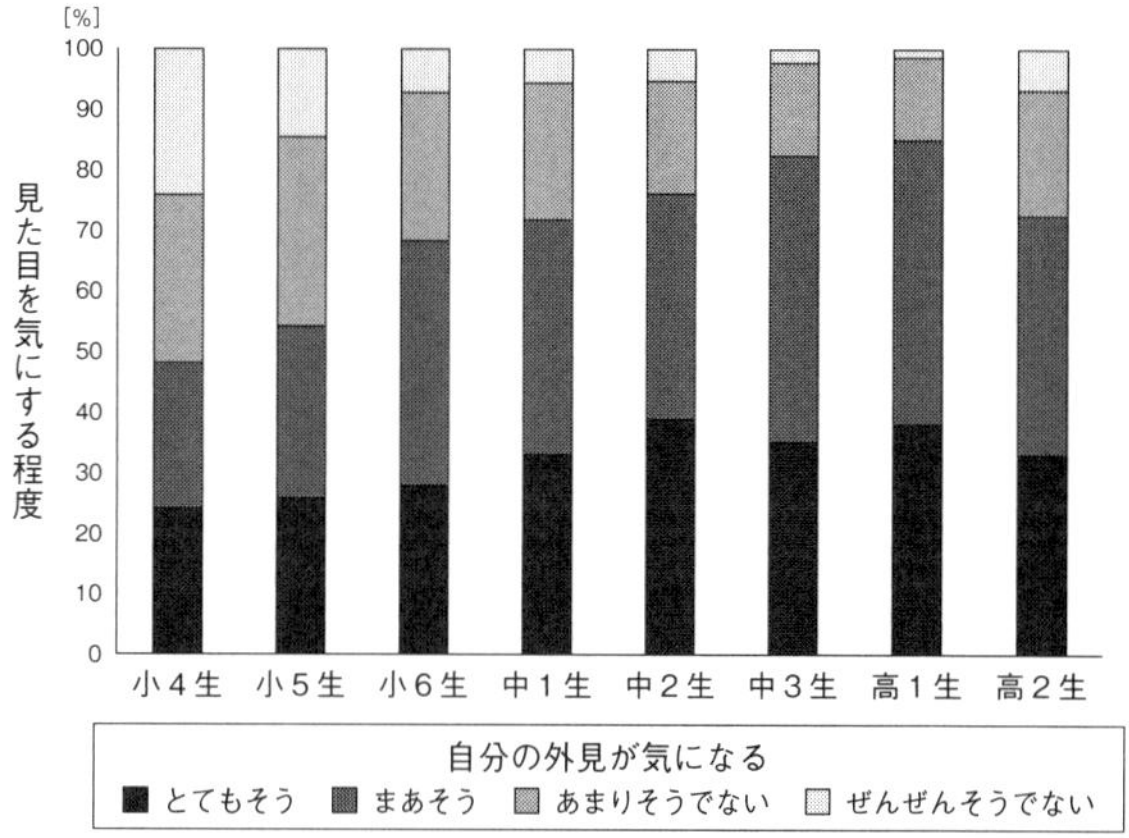

注：鈴木公啓「小学校から高等学校の女子におけるアピアランス懸念とダイエット行動および心身のネガティブな健康状態との関連　社会調査データの二次分析による検討」（『容装心理学研究』、1、59-62頁、2022年）をもとに作成。

ます。学年の変化を見てみると、全体的には、学年が上がるほど見た目を意識する人の割合が大きくなっていることが確認できます。

私も2024年に同様の調査をおこないましたので、そのデータも見てみたいと思います。全国の小学生女子1年生から6年生の計363名を対象としています（「はじめに」で述べた「調査A」です）。このデータをもとに、学年と見た目を意識する程度をまとめたものが図2-2です。

見た目を意識する程度については、「自分の見た目が気になる」という質

図2-2　見た目が気になる程度（小学校1年生から6年生）

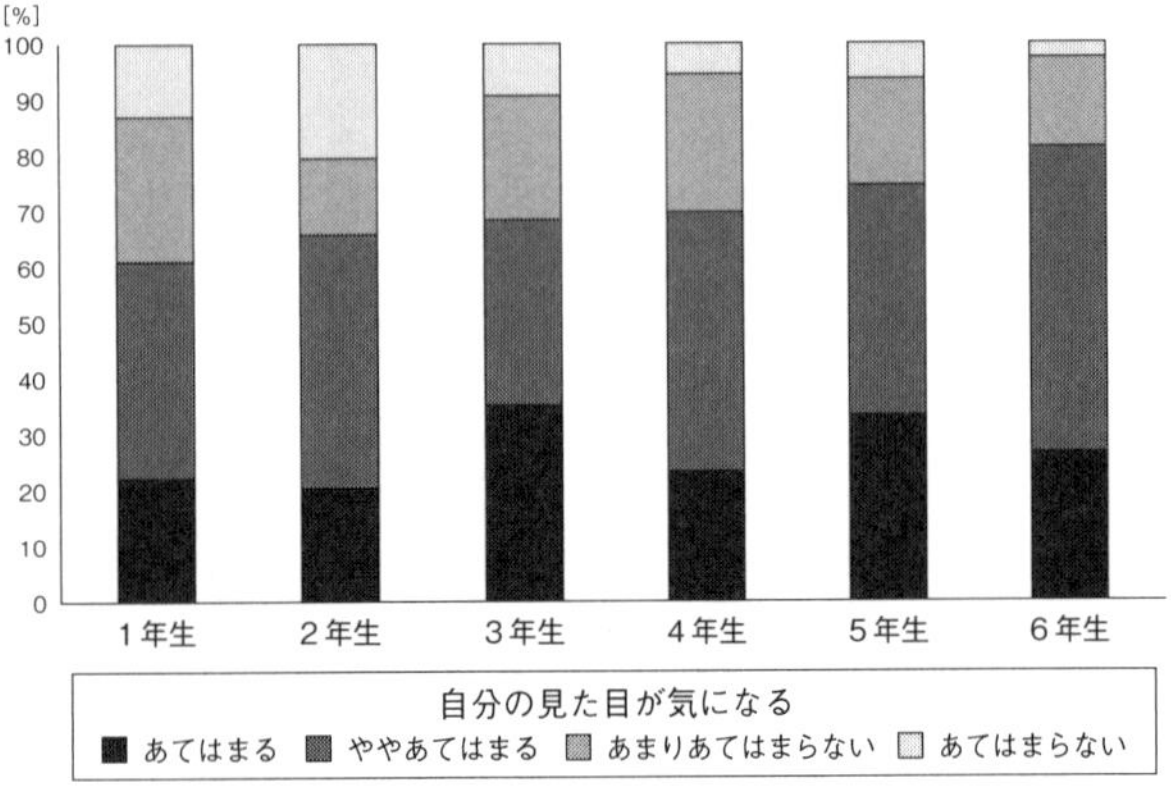

問に、「あてはまらない」から「あてはまる」の4件法で回答を求めています。結果を見てみると、「ややあてはまる」または「あてはまる」と回答した子どもは、おおよそ7割前後であることが確認できます。これを見て皆さんは多いと思うでしょうか。どうでしょうか。

なお、学年が上がるとその割合が増えているようにも見えますが、学年と見た目を意識する程度の関連について統計的な処理をおこなったところ、両者の関連はほとんどないとみなせることが確認されました（クラメールのV＝0.15、p＝0.069。※それぞれの数値の見方については次頁に説明があります）。つまり、各学年で見た目への意識に特に違いは確認されなかったことになります。低学年でも高学年でもだいたい同じくらいの割合の人が見た目を気にしているというわけです。このことからは何が言えるでしょうか。一つ考えられるのは、見た目意識の低年齢化です。見た目を意識しはじめる年齢が次第に下がってきて、しばらく前には中学生、そして小学生の高学年へと下がってきて、今（2024年）や、小学生低学年まで下がってきているということです。そのため、小学生の低学年も高学年と同様の割合になっている可能性が考えられます。

コラム　クラメールのVを読みとく

先ほど「クラメールのV」という指標が出てきました。今後も出てくるのでここで説明しておきたいと思います。

このクラメールのVは、2つの物事の関連の強さを示します。たとえば、男性も女性も同じ割合でお団子の粒あんとこしあんを選んだとしたら、好みに性差が無いというわけであり、性別と好みは無関係ということになります。一方、男性はこしあんを選んで女性は粒あんを選ぶ傾向があるとしたら、性差があるということなので、性別と好みには関係があるということになります。

この性別と好みの結びつきの程度は、少し関係があるという場合もあれば、かなり関係があるという場合もあります。男性がややこしあんを選ぶ傾向があって女性はやや粒あんを選ぶ傾向があるという場合や、男性はほとんどがこしあんを選んで女性はほとんどが粒あんを選ぶという場合です。物事の関連は、まったく関連が無いという場合から、完全な関連があるというところまで、程度が存在します。

特定の結びつきの程度について、ある人は強い結びつきがあると解釈し、別の人は弱いと解釈して主張しあっていたら埒《らち》が明きません。そこで、客観的な指標で共通理解できるようにします。そのための指標の一つが、このクラメールのVになります。

この値は、0から1の間をとり、0が無関係、そして1に近づくほど関連が強いと解釈します。一般的には、0・1あれば小さい関連がある、0・3あれば中くらいの関連がある、0・5あれば大きい関連があるとみなします。ただ、心理学や社会科学系のデータでは、0・5などの値が得られることはそれほど多くなく、0・2や0・3程度であっても、関連があるものとして議論がおこなわれるのが一般的です。

なお、pの値は、非常に簡単にいうと（ほんとうは語弊があるのですが）、偶然の結果であるかを判断するための指標となります。慣例的に、0・05を下回った場合は、関連があるであろうとみなします。pの値が0・001よりも小さい場合は、「p＜0.001」と表記します。

そして、これらをあわせて、クラメールのVの値が0・1以上で、かつ、pの値が0・05より小さい場合に、2つの結びつきがあると見なします。

本文でも関連の強さなどは文章で説明しますので、括弧の中の数値は気にしないでも読み進めることができるようにしています。ただ、興味がある人は、目を向けてみてください。

2．見た目の満足と自己受容

小学生の低学年であっても見た目を意識する子どもが多いことが確認できましたが、

どうして見た目を意識するようになるのでしょうか。ここでは、見た目の満足や自己受容に着目してみたいと思います。

見た目の良さは、子どもの自己受容や自己肯定感において非常に重要なものとなっています。[5] 実際、外見に対する満足が、学業能力や友人関係についての満足よりも自己受容感と強く関連していることなども示されています。[6] つまり、学業について満足しているかいないかがある程度自己受容と関連したとしても、それを上回って、外見に満足しているかしていないかが、自己受容感に影響しているということです。

それでは、調査Aのデータでそのあたりを改めて確認してみたいと思います。「自分の見た目に満足している」と「自分のことが好き」の関連を見てみました（図2-3）。すると、自分の見た目に満足しているほど自分のことが好きであることが確認されました（クラメールの$V=0.44$、$p<0.001$）。

また、「自分の見た目に満足している」と「自分に自信がある」の関連を見てみました（図2-4）。すると、自分の見た目に満足しているほど自分に自信があることが確認されました（クラメールの$V=0.54$、$p<0.001$）。これらの結果から、見た目に満足するこ

図 2-3　自分の見た目への満足と自分を好きなことの関連

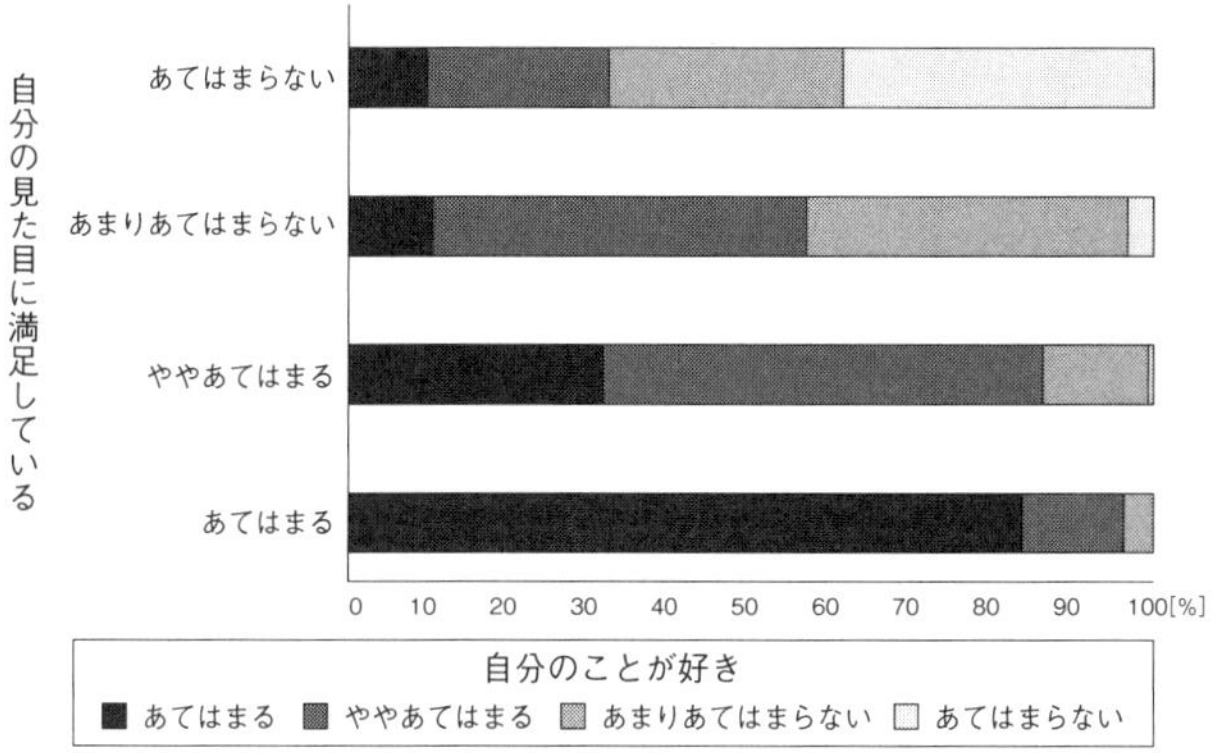

図 2-4　自分の見た目への満足と自分への自信の関連

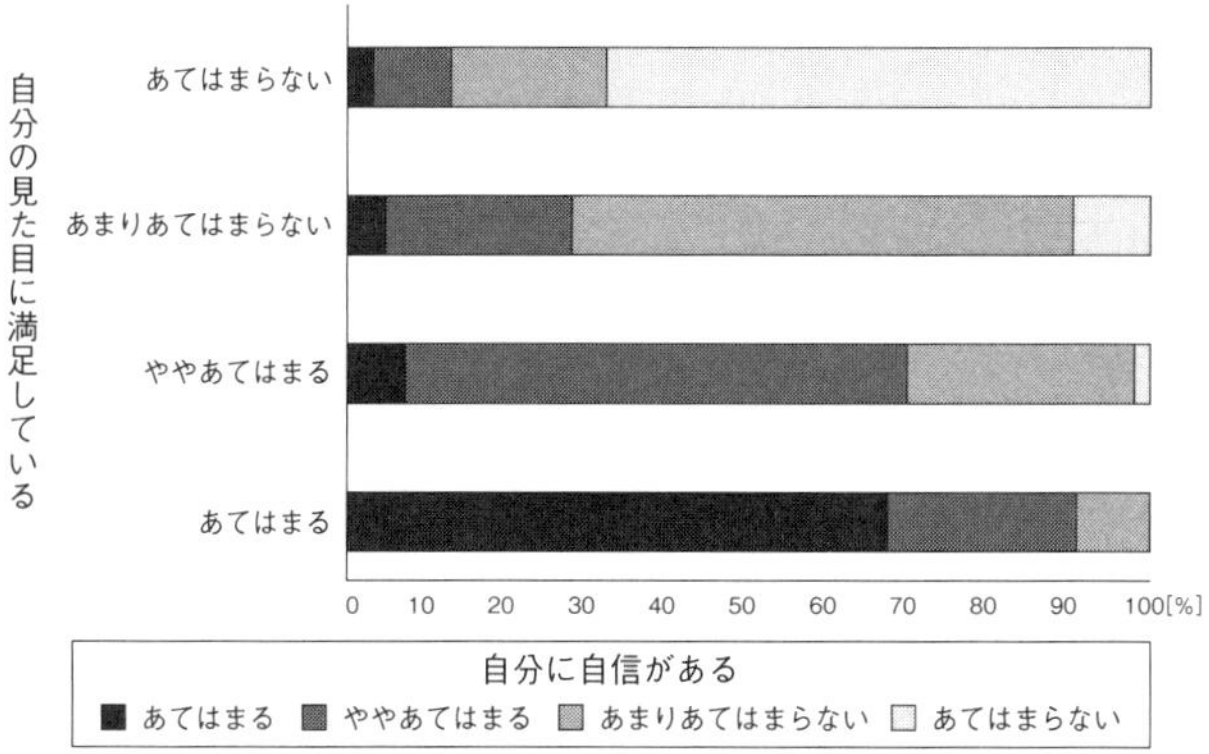

とが、自分全体の肯定的な認識に影響を及ぼすことが示唆されます。

　これは、我々の暮らす現代社会が見た目に重きを置いていることの現れといえるでしょう。もし、見た目ではなく身体能力に価値を置く社会であれば、そしてそこで生活する子どもたちも身体能力に価値を置いていれば、身体能力の高さによって自己受容感が高くなる傾向があるでしょう。そう考えると、今は外見に重きを置いている時代であり、そのため、外見に満足しているか否かが自分を受け入れることに影響しうるということになります。逆に言えば、外見に満足していないと自分を受け入れられないという場合がありうるということを意味します。

　最近は見た目について意識せざるを得ない世の中になってきているように思われます。SNS上では見た目についての話題が行きかっています。メディアには、見た目を変えるための商品やサービスの広告があふれています。街中や電車の中にも同様の広告が掲示されています。商品やサービスそのものも街中にあふれています。これらは大人だけが目にするものではありません。小学生でも目にすることがあります。また昨今は、未就学児であっても、スマートフォンを見ることがあり、そこでさまざまな刺激に接触することがあります。このような社会環境では、子どもも見た目を意識し、そして重要なものと思うようになるのは不思議なことではありません。

この章では、見た目への意識は何の影響を受けているのかについて、簡単に確認します。そして、装いに及ぼすメディアの影響については第6章で、親の影響については第7章で、改めてより具体的に見ていきたいと思います。さらに、この状況において大人や社会はどのようにしたらよいのかについて、第9章にて考えてみたいと思います。

3. 見た目への意識に大人が及ぼす影響

子どもはどのようにして見た目を意識するようになるのでしょうか。もちろん、いろいろな要因があると考えられますが、基本的には、周りの人、特に大人の反応の影響が大きいと考えられます。未就学児の子どもが家庭にいたり、もしくは接する機会がある人はよくわかるかと思われますが、未就学児でも見た目を意識したりおしゃれに興味を持ったりします。

これについては、子どもをとりまく環境の影響を無視することはできません。たとえば、周囲の大人が自分以外の子どもにどのような声がけや評価をしているのか、ということも大きな影響を持ちます。幼稚園や保育所などにお迎えに来た大人が「○○ちゃんの服はかわいいね」と○○ちゃんやその保護者に言ったり、もしくは園の友達についての家庭での会話の中で、もっと直接的に「△△ちゃんってあのかわいい子だよね」ということを言ったりすることによって、それらを聞いた子どもは、見た目を意識したり、ひいては、見た目が良い方が良い評価を得られるということを学んで取り込んでいくのです。子どもは大人の話した言葉をよく聞いています。そして、子ども本人も知らず知らずのうちに、それを取り込んでいってしまうのです。もちろん、本人へ直接向けられる言動の影響はさらに大きいことでしょう。たとえば、親が子どもの顔立ちにネガティブな言葉をかけたりすると、子どもが見た目にとらわれたり心理的に不健康な状態になってしまいかねません。

子どもは、親が自分に対して言ったことの影響を受けるだけでなく、親がしている行動を見ることによってその影響を受けることもあります。たとえば、家族が見た目を意識したり装いが好きだったりすると、それを見て子どもも見た目を意識したり、おしゃれに興味をもったりするようになります。

見た目についての考え方や装いに限らず、さまざまな側面において、親が子どもに及ぼす影響（特に母親から娘）は大きいです。成長していくにつれて、友人の影響力が強くなっていくことも知られていますが、子どもの年齢が低いほど親の影響は大きく、成長してからもその影響は残ります。親の影響については、第7章で改めて詳しく説明したいと思います。

4．見た目への意識に心身の発達が及ぼす影響

親以外に影響を及ぼすものとして、心身の発達もあります。一般的に、成長するほど見た目を意識するようになるとされています。これは、第二次性徴による身体の変化も影響していると考えられます。ご存じのように、第二次性徴によって、男女ともに身体に大きな変化が生じます。機能における変化もありますが、見た目においても大きな変化が生じます。男子であれば、体つきがしっかりとし、声変わりも生じてきたりします。女子であれば体つきが丸みをおびたものとなり、また、乳房が大きくなったりします。

なお、男女とも、体毛が脇や陰部に生えてきたり濃くなったりしますし、男子であれば髭《ひげ》が生えてきたりもします。

それは周りから一目見ればわかるくらいの大きな変化であると同時に、自分にとっても大きな変化です。今までの身体の状態と違ってきていることに大きな困惑や不安を抱くことになります。まさしく、アイデンテティに揺らぎが生じるわけです。そして自分の意識がこれまで以上に身体に向かい、また、他人にどのように見えているかを意識するようにもなるでしょう。

成長するに従い、他者の視線をより意識するようになるのは普通のことです。そこに身体の変化がともなっているので、他者からどのように自分の身体が見られているかをより意識するようになります。同性異性限らず他者の反応も変わるので、結果としてさらに見た目を意識するようになってきます。発達による心身への影響はよく言われることですが、見た目への意識という要因は大きな影響を持っているといえます。なお、自尊感情（自分に意味があると思うこと）は第二次性徴が始まると低くなってしまう傾向があることが知られていますが、これは、変化した身体の受容、そして見た目の受容をうまくできないことなどが少なからず影響していると考えられます。

とはいえ、先ほど紹介した調査Aのデータでは、小学生の学年によって見た目に対する意識が大きく異ならないことも確認されています。現在は、第二次性徴がくるまえの段階で、周囲の環境により見た目を意識するようにすでになっており、発達の変化による影響が及ぼす余地が少ないという状態なのかもしれません。もしくは、同じ「気にする」でも、その気にする内容や質などが変わってくるのかもしれません。

5. 都会の子どもの方が見た目を意識している？

ところで、都市部とそうでないところでは、見た目への意識が異なるのではという疑問を持つ人がいるかもしれません。つまり、「都会の子どものほうが見た目を意識しているのでは？」という疑問です。

実は、これまでの調査で、住んでいるところで特に違いは無いことが確認されています。先ほどのベネッセ総合教育研究所がおこなった調査における、見た目を意識する程度のデータの再分析をおこない、大都市、中都市、郡部の3つ（市区町村の人口密度と人口規模を考慮した3つの地域区分）による違いがあるかを調べてみました。[7] すると、いずれの学年においても特段違いは認められませんでした（クラメールのV＝0.05～0.09、p＝0.023～0.841）。

実は、見た目についての意識のみならず、いろいろなものが、時代を経るにつれて都会と田舎での違いがなくなってきていることも知られています。以前は、テレビの普及や新幹線ができることによって差がなくなったということがその理由として言及されていました。そして今は、インターネットの普及によって、さらに急激に都会と田舎の差がなくなってきたといえるようです。つまり、インターネットなどの利用により、見た目に関する意識を喚起させるような情報への接触の程度には地域差が生じなくなっているといえます。昔は、週刊漫画雑誌も田舎では発売の曜日が遅れたりということがありましたが、今は都会かそうでないか関係なく、さらに、国内と海外関係なく、発表されたものは同時に情報を入手することが可能な状況にあります。そのため、どこに住んでいても見た目に関する刺激を同様に受ける状況になっており、そしてその影響を同じく受けているのだといえます。

図2-5　居住地と「自分の見た目が気になる」程度

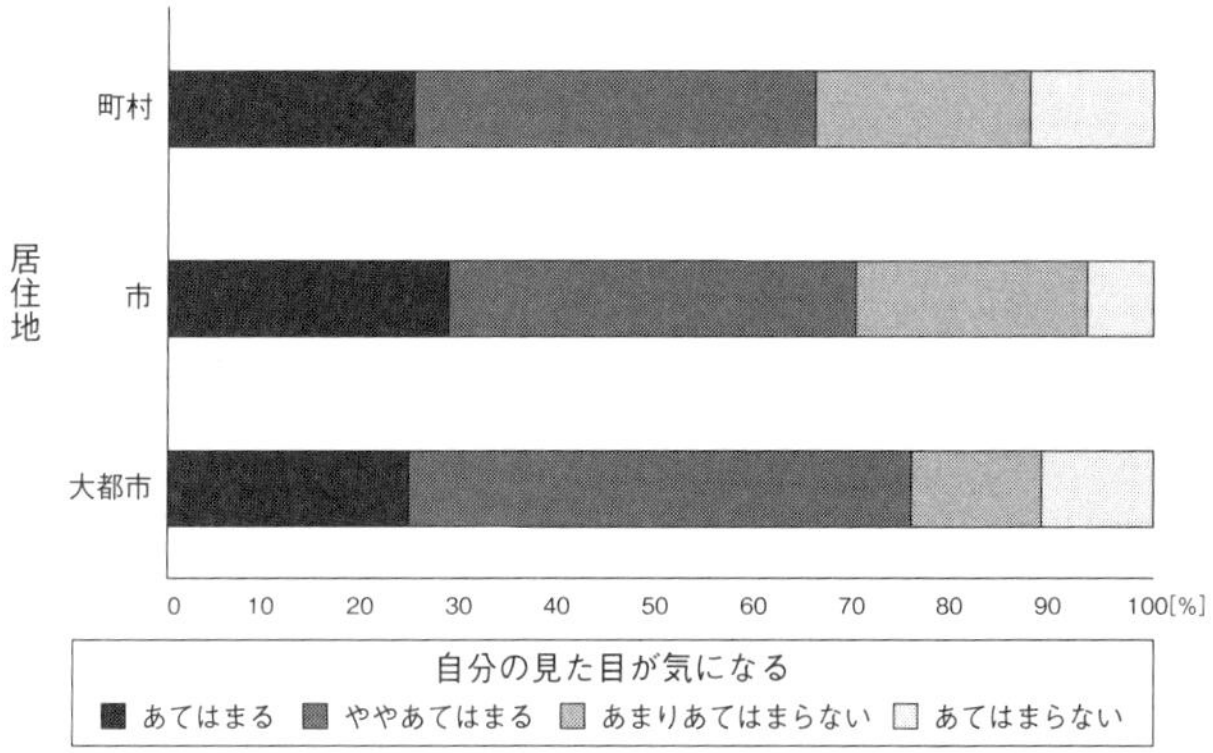

もちろん、おしゃれのアイテムをお店で購入しやすいか、エステなど店舗でのサービスを受けられる場所が身近にあるかといったことは都会か否かで違いがあることは確かです。しかし、見た目を意識するということそのものは、2009年の調査の段階ですでに都会の程度で差が認められない状況になっています。

念のため、私がおこなった最新の調査（調査A）でも、地域差が無いことを確認してみました。「自分の見た目が気になる」という問に対して「あてはまらない」から「あてはまる」の4件法で回答を求めました。そのデータについて[8]、住んでいるところを大都市と市と町村で分けてまとめたのが図2-5です。「ややあてはまる」または「あてはまる」と回答した子どもが7割程度でした。そして、住んでいるところが都会かそうでないかで違いは確認されませんでした（クラメールのV＝0.11、p＝0.213）。つまり、都会の方が「すすんでいる」わけではないことが再度確認されました。[9] そしてなによりも、都会の程度にかぎらず、多くの子どもが見た目を気にしているという実態が再度確認されたといえます。

6．見た目を意識するのは悪いこと？

前節まで、子どもの見た目への意識の実態をみてきました。そこでは、多くの子どもが見た目を意識していることが確認できました。それでは、見た目を意識することをどのように捉えたらよいのでしょうか。

まずはじめに述べておきますが、見た目を意識することは決して悪いことだけではなく、よいことがたくさんあります。見た目を意識することによって、子どもは成長し、自分を育て、そして社会に適応していくのです。

まず、見た目を意識したり装いをおこなったりすることは、自分と向き合い、自分を知り、そして自分を多少変えつつ見せていくという、自分とつきあっていくうえで重要な行為といえます。自分がどのような姿なのかを知ることは、自分が他者からどのように見られているかの推測につながりますし、そもそも自分とはいったいどのような人間なのかを考えていくうえでの基盤となるものです。また、自分をどのように見せるかを考え、試行錯誤して、また、社会規範とすりあわせながら、場合によっては反発したりしながら工夫して自分を作っていくということは、社会で生きていく上で自分を乗りこなしていくという点、そして、社会に適応していくという点でも重要なことといえます。

そして、見た目を意識することは、装いに興味をもって取り組むことにもつながります。化粧や着装といった装いをおこなうことによって、自信が向上したり自己充足感が生じたりといったポジティブな状態になることができます。それは子どもも大人も同じです。化粧や服装などの装いによって、自分のコンプレックスに向き合い、それを解消するといったこともあります。装いは、自分と向き合う上で重要なツールの一つですし、そして社会で生きていく自分を作り上げていく重要なツールでもあります。そのため、見た目を意識して装いをおこなうということは、大切なことでもあるのです。

また、対人関係においても装いは重要な意味を持ってきます。学校等の仲間集団の中で、たとえば化粧や服装という表現手段は、同調や差異化、そしてコミュニケーションなどを生じさせています[11]。それは、他者との関係性を構築したり維持したりといった重要な役割を持っていると考えられます。おしゃれは、集団の中での対人関係の構築など、社会生活を営むうえで重要なツールの一つでもあります。

つまり、見た目を意識したり、装いをおこなったりすることは、決して悪いことだけではなく、むしろ人間としての成長や社会適応の点では重要な役割を果たしているものとなります。よく、見た目を意識することは、本業（勉強）の妨げになると捉えられたり、年相応でないために問題を生じさせやすいとネガティブに考えられることがありますが、決してそれだけではないのです。そのため、見た目を意識していることを頭ごなしにネガティブに評価したり、子どもに広がっているおしゃれを一律でよくないものとして対処することは、非常に乱暴な対応といえるかもしれません。第9章でも書いていますが、適切な方向に向けてサポートすることも、大人や社会に求められている役割の一つと考えられます。

7. 見た目を意識することの問題

先ほど、見た目を意識することにはポジティブな側面があると書きましたが、とはいえ、（大人もそうですが）子どもにネガティブな心理的影響をもたらす可能性もあります。たとえば、自分の身体で気になるところが多い小学生ほど自分が人からどう思われているか気にしており、また、ストレス度合いが大きいことも示されています。[12] 醜形恐怖症や摂食障害といった精神病理との結びつきがあることも指摘されています。[13]

せっかくですので、先ほどのベネッセ総合教育研究所のデータの再分析結果[14]から、「見た目を気にする傾向」と「つかれやすい」傾向および「つまらないことでもすぐに落ち込む」傾向の関連を見てみましょう。「見た目を気にする傾向」と「つかれやすい傾向」には弱い正の関連があり、弱いながらも、見た目を気にする人ほどつかれやすい傾向があることが確認できました（小学生、中学生、高校生それぞれ r＝0.25、0.21、0.20。※数値の見方については次頁に説明があります）。また、「見た目を気にする傾向」と「つまらないことでもすぐに落ち込む」傾向にも、弱いながらも見た目を気にするほど落ち込みやすい傾向があることが確認できました（小学生、中学生、高校生それぞれ r＝0.24、0.28、0.25）。このことから、見た目を意識するほど心理的なエネルギーがそこに消費され他のことでもつかれやすかったり、なにかしらの出来事の影響を受けやすかったりしている可能性が考えられます。

このように、見た目を意識することによって心理的にネガティブな状態になりえるのですが、それだけでなく、おしゃれによる身体的なトラブルが生じることもあります。それについては第5章でじっくりと見ていきましょう。

コラム　r はどのような指標？

r は、「ピアソンの積率相関係数」を表す指標であり、先ほどのクラメールのVと同じように、二つの物事の関連の強さを示します。

身長が高いほど体重も重いといったように、「一方が大きいほどもう一方も大きい」場合は正の相関といい、相関係数の値はプラスになります。一方、残業時間が長いほど趣味に使う時間が少ないといったように「一方が大きいともう一方は小さい」場合（もしくは「一方が小さいともう一方は大きい」場合）は負の相関といい、相関係数の値はマイナスになります。

そして、相関係数により、関連の強さを客観的に知ることができます。関連が強いほどその絶対値は1に近づきます（正の相関は関連が強いほどプラス1に、負の相関は関連が強いほど値はマイナス1に近づきます）。そして、関連が弱いほど値は0に近づきます。心理学では、0・2あれば、弱い関連があると見なします（0・6を超えると強い関連があるとみなします）。後で出てくる「スピアマンの順序相関係数（ρ《ロー》）」も読み取り方は同じです。

8. 見た目への意識の成長にともなう変化

先ほど、子どもの見た目を意識する傾向を確認しましたが、大人になるとどうなるのでしょうか。そこから何が見えてくるのでしょうか。せっかくなので、見た目を意識する程度についての大人のデータも見てみることにしたいと思います。

図2-6は、私が２０２４年に10代後半から70代までの２４９名を対象に調査したデータをまとめたものです。下に図2-1を再掲したので、並べて見てみましょう。ちなみに、調査の項目や選択肢は、２００９年にベネッセ総合教育研究所がおこなった調査と同じにしています。

図2-6と図2-1をあわせて見てみると、20代に向かって見た目への意識は高まっていて、そして、20代をピークにしだいに値が小さくなっていることが確認できます[15]。つまり見た目への意識は20代には高止まりして、そこから下がっていることになります[16]。それでは、そのピークの年代から何が読み取れるでしょうか。

私たちは、子どもの頃からさまざまな対人経験をして社会に出て行きます。人によって異なりますが、多くの場合、20歳前後に就職し、広い人間関係の中で活動をしていくことになります。そのような中で、社会生活において少なからず影響力のある自分の見た目がどのようなものであるのか、どのように他者に見られているのか、それらを意識するのは自然なことといえるでしょう。そして、加齢とともに関係性も安定し、また立

図 2-6　10 代後半以降の見た目を気にする程度

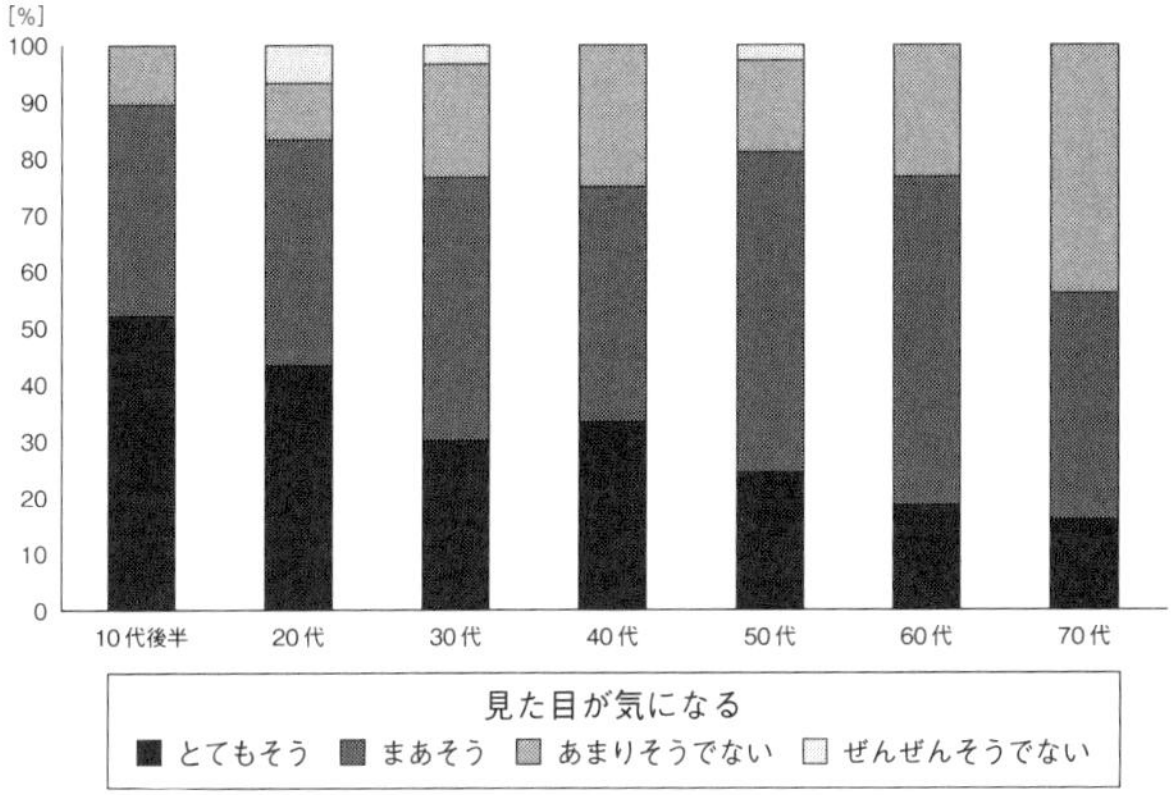

図 2-1　見た目が気になる程度（再掲）

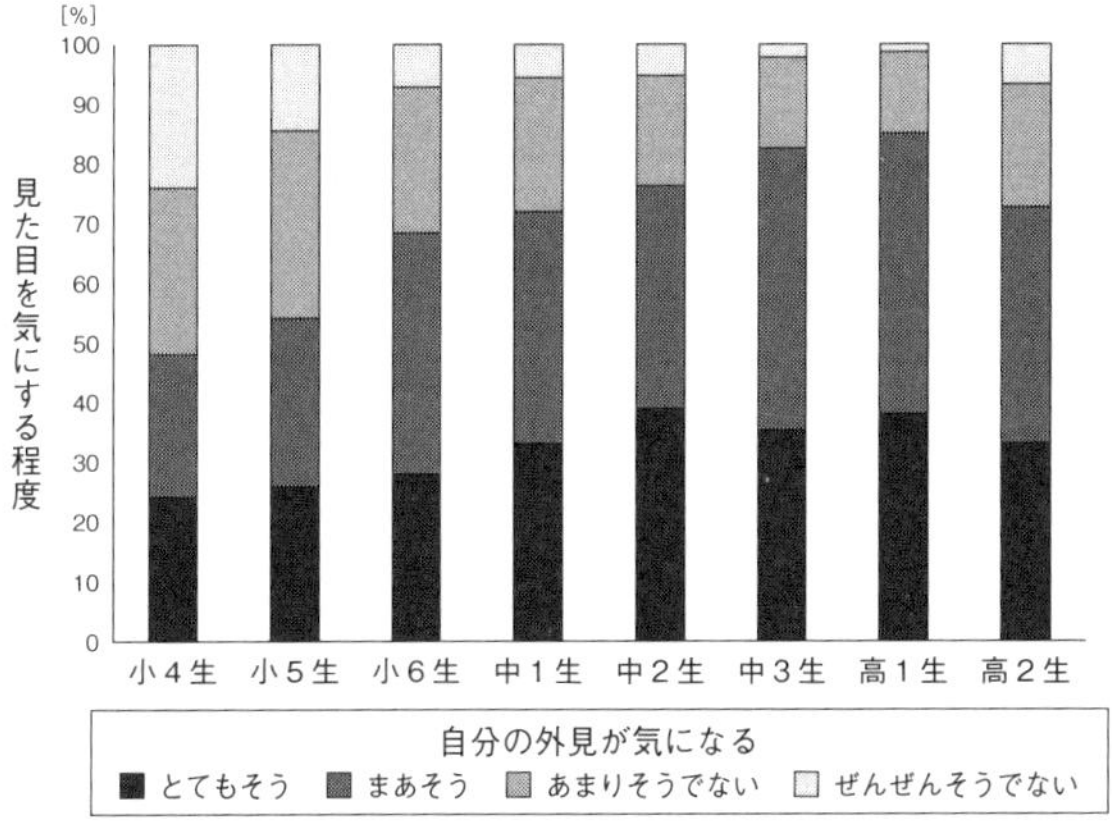

場なども固定化してきて、見た目の影響をあまり意識しないでもよくなってくるのだと考えられます。また同じような時期に、人によっては配偶者選択をしていくことになります。若いときには交際を重ね、そして結婚相手を見つけて結ばれるためには、それなりに見た目も意識して装いをおこなっていくことも求められます。そして、結婚をしたり、もしくは配偶者選択を意識しなくなるに伴い、見た目への意識が低下していくものと考えられます[17]。

つまり、20代をピークにした見た目への意識の高まりは、社会へ向き合っていることの現れであり、見た目が特に社会的な影響力を持つのがその年代であるということが同時に読み取れます。もちろん、人によってさまざまな事情や状況があるとは思われますが、全体的にはやはり、見た目への意識は社会とのつながりと結びついたものと捉えることができると考えられます。もし、まったく見た目を意識しないでぼさぼさの髪と汚れてよれよれの服を着て社会に出て行ったとしたらどうなるでしょうか。おそらく、多くの集団からは排斥されてしまうのではと思います。見た目を意識するということは、決して悪いことというわけではなく、社会に適応していくために必要なことでもあるのです。

これまで確認してきたように、低年齢の子どもでも見た目を意識しています。そして、見た目を意識することにはよい面があります。子どもも大人と同様に、そのコミュニティの中で、見た目を整えたり飾ったりして対人関係を構築して維持しようと試みているのです。そして、見た目を受容することによって、自分自身も受容できるのです。ただ、ネガティブな影響も生じることがあるので、その場合は大人の役割が重要となってきます。大人のかかわり方については、今後第9章を中心に、いくつかの章で触れていく予定です。

本章のまとめ

◦子どもも見た目を意識している。

◦見た目を意識する程度は学年によって大きな違いは無い。学年が低くても見た目を意識している。

◦見た目への評価は自己受容などに関連している。

。社会、そして大人が、子どもの見た目への意識に影響を及ぼしている。

。心身の発達も見た目への意識に影響を及ぼしている。

。成長にともなう身体の変化はアイデンテティに揺らぎを生じさせる。

。都会かそうでないかは見た目への意識にほとんど関係しない。

。見た目を意識することは必ずしも悪いことではなく、社会とのつながりという点ではむしろ重要である。


〈注〉
1 株式会社ベネッセコーポレーション「子どものやせ願望　見た目を気にする子どもたち」(『モノグラフ・小学生ナウ』、21〈2〉、2001年)
2 株式会社ジェイ・エム・アール生活総合研究所「女子小学生の化粧意識と実態調査」(2013年)
3 馬場安希・山本真規子・小泉智恵・菅原ますみ「家族関係と子どもの発達(7/7)　小学生の痩身願望の検討」(『日本心理学会第62回大会発表論文集』、277頁、1998年)
4 鈴木公啓「小学校から高等学校の女子におけるアピアランス懸念とダイエット行動および心身のネガティブな健康状態との関連　社会調査データの二次分析による検討」(『容装心理学研究』、1、59-62頁、2022年)※なお、このデータは、東京大学社会科学研究所付属社会調査・データアーカイブ研究センターのSSJDAにアーカイブされているベネッセ総合教育研究所による「第2回子ども生活実態基本調査、２００９年」のデータを承諾を得て使用したものです。

5 大人も同様です。

6 眞榮城和美「児童・思春期における自己評価の構造」（『応用社会学研究』、10、63-82頁、２０００年）

7 注4と同じ。

8 ここでは、大都市は、「東京都区部、札幌市、仙台市、さいたま市、千葉市、横浜市、川崎市、相模原市、新潟市、静岡市、浜松市、名古屋市、京都市、大阪市、堺市、神戸市、岡山市、広島市、北九州市、福岡市、熊本市」としています。

9 このように、感覚や身の回りのことからうける印象を超えて、実態を実証的に確認できるのが、調査の良いところです。

10 鈴木公啓編著『装いの心理学　整え飾るこころと行動』（北大路書房、２０２０年）

11 風戸真理「身体装飾をめぐる子ども・大人・社会の交渉」（『コンタクト・ゾーン』、9、３４７-３６６頁、２０１７年）

12 注1と同じ。

13 Littleton, H. L., Axsom, D., & Pury, C. L. S. (2005). Development of the body image concern inventory. *Behaviour Research and Therapy*, 43 (2), 229-241.

14 注4と同じ。

15 図2-1は２００９年のデータなので、図2-3のデータの10年以上前のデータということになります。とはいえ、傾向は大きく変わらないのではと考えています。

16 ちなみに、男性よりも女性の方が見た目を意識することが確認されています（クラメールの$V = 0.24$、$p < 0.001$）。そして、男性も女性と同様に、年齢が高いほど見た目を気にしなくなる傾向が確認されて

います。

17 すべての人がそうというわけではないですが、大きな傾向としてそのようなことが考えられます。もちろん社会の変化によってこの傾向は変わっていく可能性はあります。

第3章　メイクアップ・体毛処理

第3章では、子どもたちが実際にはどのような装いをどのくらいおこなっているのかを見ていきましょう。本章ではメイクアップ（いわゆるメイクのことで、化粧品を顔に塗布して飾ること）と体毛処理（ここではいわゆる脱毛・除毛のこと。道具を使って体毛を剃《そ》ったり取り除いたりすること）を取り上げていきたいと思います。メイクアップは、子どものおしゃれとしてよく話題になりますし、以前から研究でも扱われています。

そして体毛処理は、近年大人だけではなく子どもも興味を持っているものとして、これも話題になっています。ただし、研究では今のところほとんど扱われていません。この章では、それぞれの傾向を新しいデータを中心に確認していきたいと思います。

さて、今回も読み進める前に考えてみましょう。皆さんは、どのくらいの割合の子どもがメイクアップを経験していると思いますか。どのくらいの割合の子どもが体毛処理を経験していると思いますか。大人の読者は、子どもたちの現状を想像してみてください。子どもの読者は、周りの人を思い浮かべてその割合を考えてみてください。

1．小学生におけるおしゃれへのこだわり

それでは、メイクアップと体毛処理の経験について見ていく前に、その基盤となるであろう、おしゃれに対する意識について見ておきたいと思います。第2章では、見た目を意識している程度を見てみましたが、ここでは、意識した上で、「見た目を変えようとどの程度思うのか」といった側面について見ていきます。具体的には、おしゃれが好きな程度やおしゃれのこだわりの程度について見ていきます。それでは調査Aのデータを見てみましょう。

まず、「おしゃれが好き」な程度について、学年別にまとめたのが図3-1です。「あてはまらない」から「あてはまる」の4件法で回答してもらいました。「おしゃれが好き」に対して「ややあてはまる」または「あてはまる」と回答した女子は、各学年で9割から7割程度です。低学年の方が割合が大きいようにも見えますが、統計的な分析をおこなうと、学年差は特にみとめられないという結果でした（クラメールのV＝0.14、p

図3-1　学年によるおしゃれが好きな程度

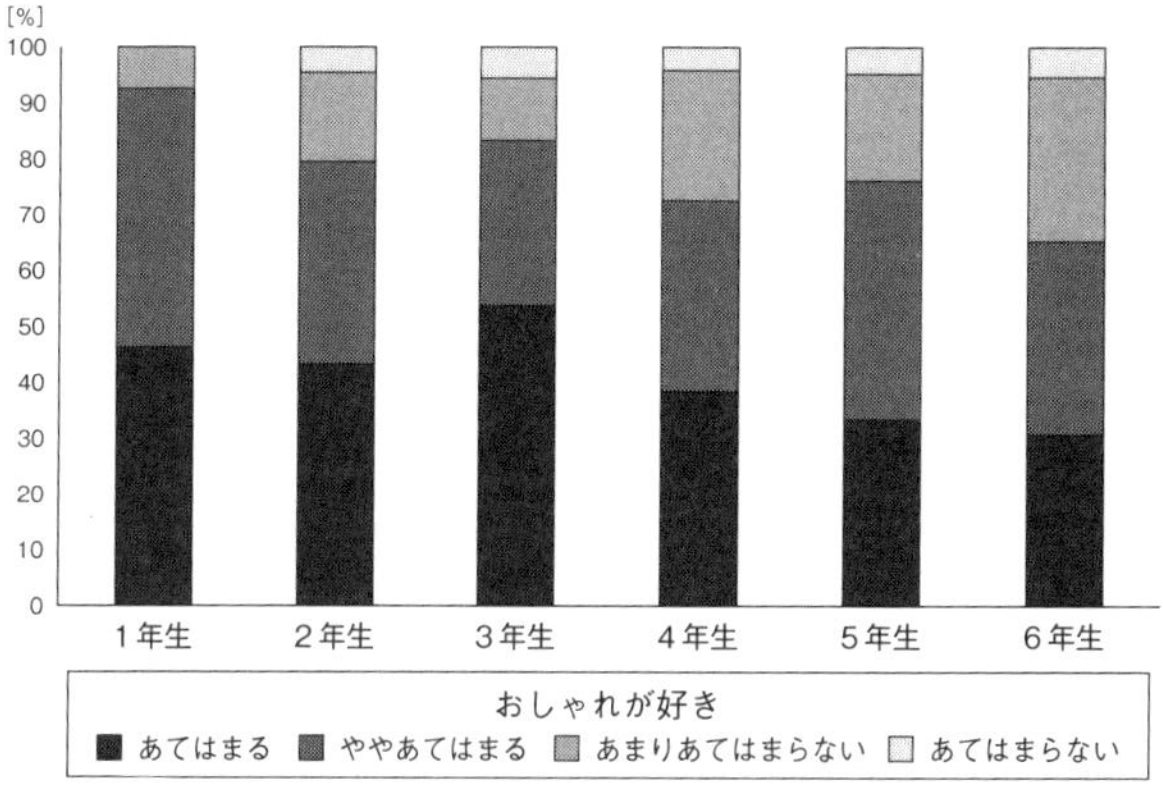

=0.104)。小学生低学年の時点でおしゃれが好きな人がそれなりに多いということは間違いないようです。

また、「服装や髪型などにこだわっている」程度について学年別にまとめたものも見てみましょう（図3-2）。選択肢は先ほどと同じです。「服装や髪型などにこだわっている」に対し「ややあてはまる」または「あてはまる」と回答した女子は、各学年で7割から8割程度です。学年による違いは確認されませんでした（V=0.14、p=0.169）。ここでも、小学生低学年の時点でおしゃれにこだわっている人が高学年と同程度にいるということが確認できたといえます。

従来は、「子どもはあまりおしゃれに関心が

図3-2　学年による「服装や髪型などにこだわっている」程度

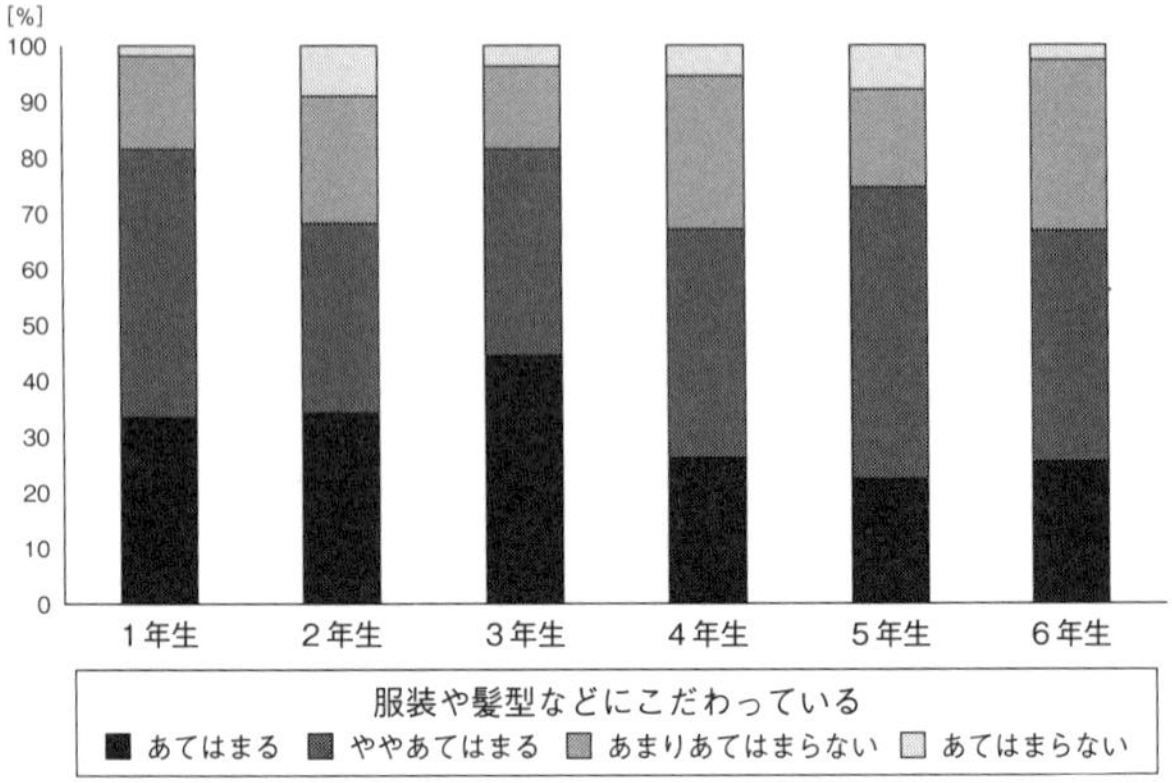

なく、一部の子どもだけがおしゃれに目覚めていて、そして、それは高学年になるほど顕著である」という言説を目にすることもありました。しかし、どうやら少なくとも現在はそのようなことはなさそうです。多くの割合の女子が、小学1年生の時から見た目を意識し、おしゃれに関心をもって取り組んでいることがこの調査のデータからはうかがえます。

　子どもの頃から見た目にとらわれている可能性がありつつも、子どもの頃から自分の姿を模索して楽しんでいる可能性もあるといえるでしょう。

2. メイクアップの経験の実態

子どものメイクアップ経験については、これまでも多くのマーケティング調査や学術調査で扱われてきました。2018年に私がおこなった調査では、[1] 頻度は別として、未就学児から小学生では4割程度、そして中学生で6割、高校生で8割の子どもがメイクアップをおこなっていることが示されています。ニフティキッズのおこなった調査のデータからは、小中学生の53%がメイクアップの経験があることが読み取れます。[2]

それでは、学年別ではどうなのでしょうか。調査Aのデータを見てみたいと思います。学年別にメイクアップの経験をまとめたものが図3-3です。全体で5割から6割の女子がメイクアップの経験をしたことがあると回答しているのが確認できます。そして、学年の差についてですが、統計的な分析をおこなうと、学年の差はみとめられないことが確認されます（クラメールのV=0.12、p=0.428）。

半数以上の子どもが、頻度や内容はともかくメイクアップの経験があるということが確認されました。読者の皆さんはどのように思われるでしょうか。思った以上に多いと思われるでしょうか。それとも、そのくらいかな、という感じでしょうか。大人の読者は「そんなに多いはずがない」と思うかもしれません。子どもの読者は、「もっといる

図 3-3　学年によるメイクアップの興味と経験

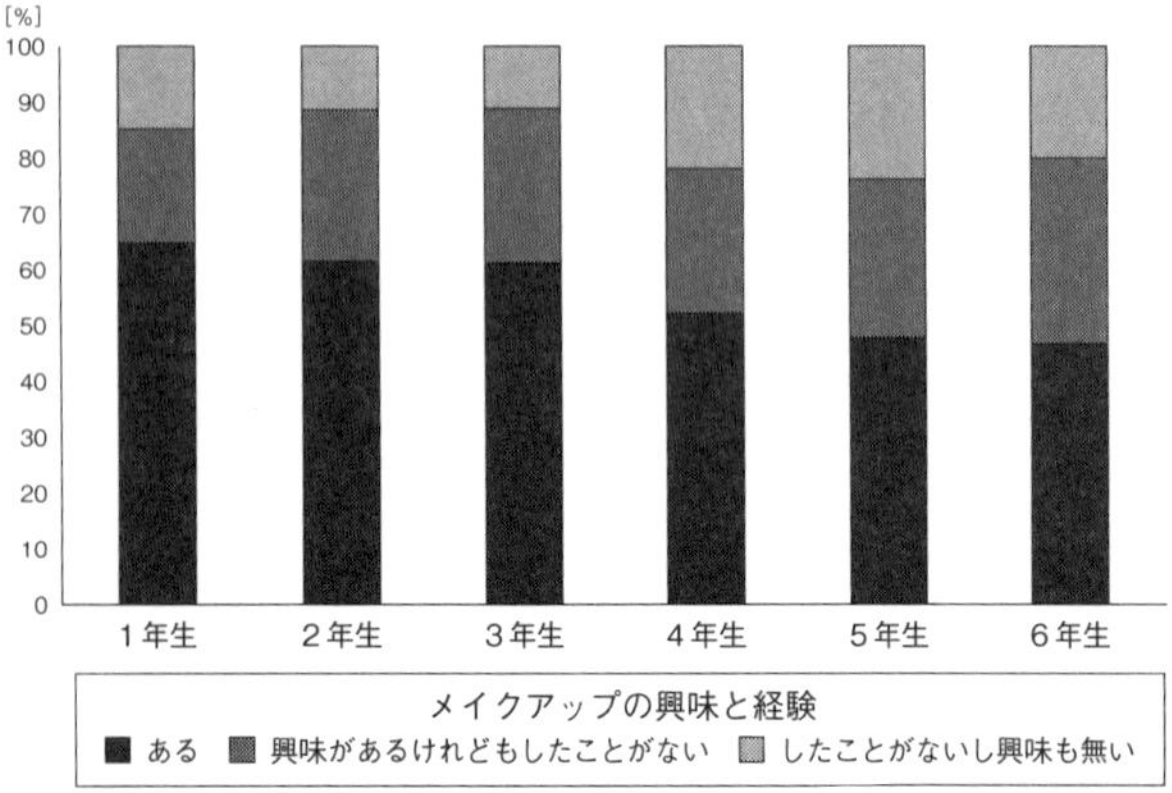

はず」と思うかもしれません。人は、身近に該当するケースがあるほど数を多く見積もる傾向もありますし、人によってこの数値のとらえ方はさまざまだと思います。

この割合について絶対的基準で多い少ないという判断をすることはできません。問題は、多いかどうかというよりも、それがどのようなことをひきおこしうるのかということかと思います。そして、どのようなプロセスで子どもがメイクアップをおこなうようになるのか、といったことも考えていく必要があるでしょう。これらについては第5章や第6章、そして第7章にて改めて見ていきたいと思います。

さて、今回のデータでは学年の差は確認できませんでしたが、これを素直に解釈すると以下のようなことが考えられます。

第2章の「見た目への意識」と同様に、急激にメイクアップのおしゃれの低年齢化が進み、そしてより低年齢の子どもの方がメイクアップをおこなうという傾向が生じた可能性があります。物事は上の年齢層で行き渡ってから次の世代へと浸透していくとは限りません。下の世代で急激に広がって上の世代を追い越すこともあります。今回のデータからは、上の世代でゆっくり浸透していったメイクアップが、下の世代で急激に広がって上の世代と同じくらいおこなうようになった、という可能性が読み取れます。とはいえ、このあたりについてはまだ資料も少ないですし、継続して様子を見ていきたいと思っています。現時点でいえることとしては、メイクアップの低年齢化がすすんでいる可能性がある、ということです。

3．体毛が気になる？

体毛処理の実態を確認する前に、体毛を意識する程度、つまりは「体毛が気になっている」という子どもの割合についても確認しておきたいと思います。

調査Aのデータを用いて、学年別に体毛を意識する程度をまとめたものが図3-4です。「体毛が気になる」に対して「ややあてはまる」または「あてはまる」と回答した女子は、小学1年生から3年生は6～7割程度で、学年が上がるに従い多くなり、6年生では7割になります（クラメールのV＝0.18、p＝0.003）。弱い関連ではありますが、メイクアップとは異なり、どうやら年齢が上であるほど体毛を意識する人がわずかに多いことがうかがえます。

この背景には、おしゃれ意識の高まりがあると考えたいところですが、先ほど見たように、「おしゃれが好き」な程度や「服装や髪型などにこだわっている」程度は学年で大きな違いはありません。そうなると、他の理由を考えた方がよさそうです。

ここで考えられる理由の一つは、第2章4節でも書いたように、第二次性徴といった身体の発達の影響です。脇などこれまで生えていなかったところに体毛が生えてきますし、それにともない、腕や脚といった部位の体毛（この場合は産毛）も意識するようになる可能性があります。「毛」というものに意識が向き始めるわけです。

これは、母親のデータからも確認できるかもしれません。学年毎の「お子さんから体

図 3-4　学年による「体毛が気になっている」程度

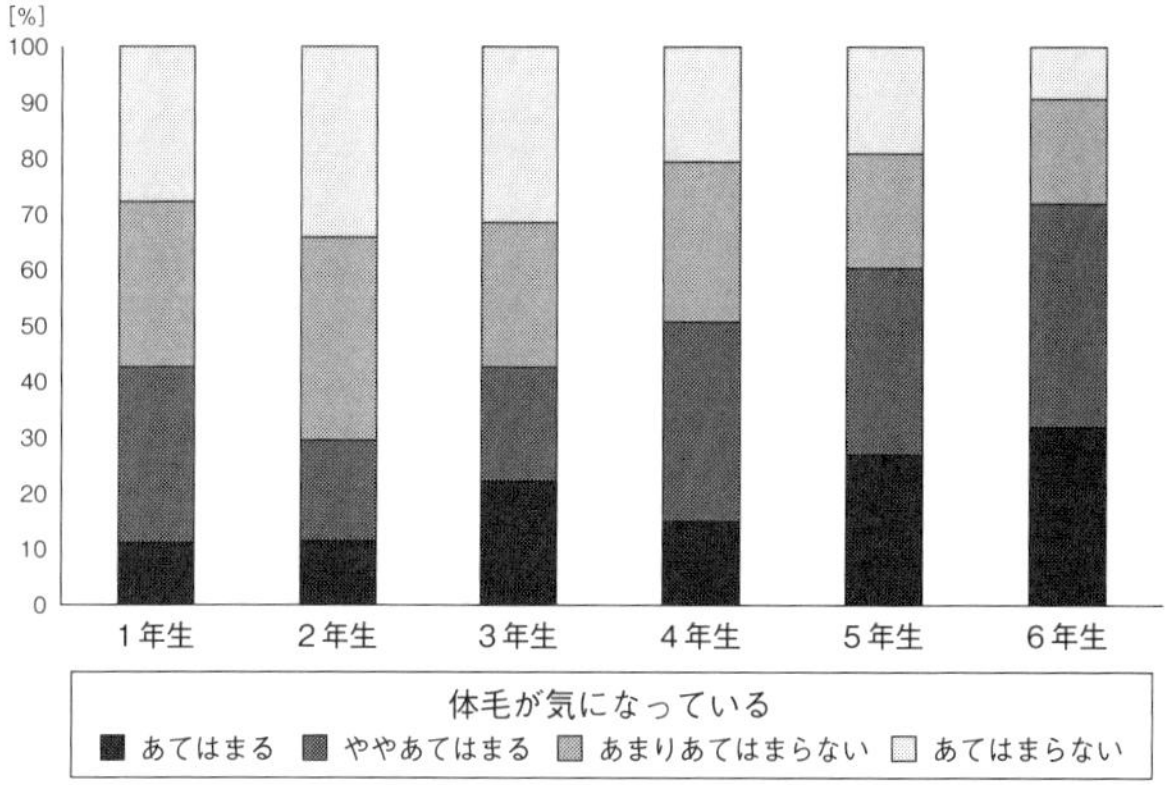

毛についての相談をうけたことがある」[3]の回答をまとめてみると、学年が大きくなると相談される経験が多いことが確認されます（図3-5、クラメール V＝0.20、p＜0.001）。

一方、学年毎の「お子さんとおしゃれの話をする」[4]の回答をまとめてみると、関連は認められませんでした（クラメール V＝0.14、p＝0.217）。つまり、おしゃれについてのコミュニケーションの程度は学年で変わらないのに、体毛の話は学年が上がると出てくる傾向があるのです。やはり、おしゃれ意識というよりは身体の発達が、体毛意識に影響している可能性があります。

なお、先に言っておくと、体毛を意識する程度が大きいほど、次項で説明する体毛処理の経

図3-5　学年による親が「お子さんから体毛についての相談をうけたことがある」経験

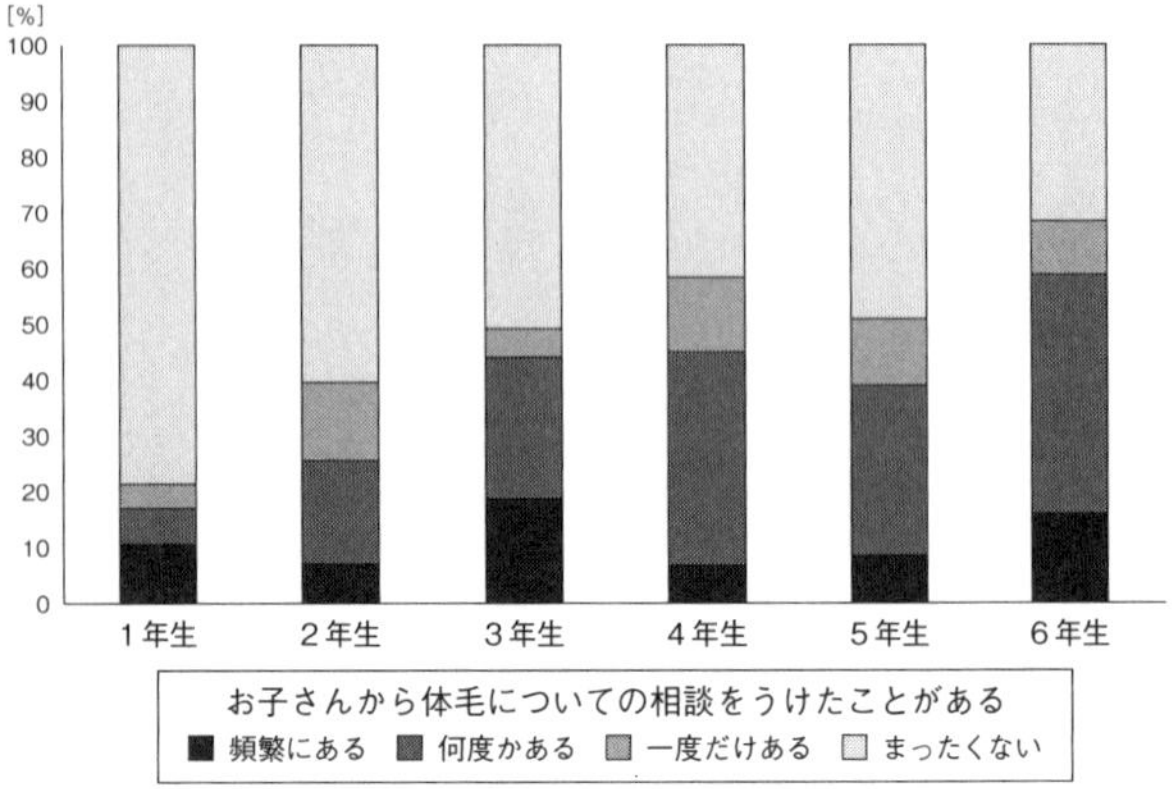

験があることが確認できています（スピアマンの順序相関係数はρ《ロー》＝0.46、$p<0.001$）。気になってもやり方がわからない、道具を購入しにくい、近くに脱毛エステなどが無い、もしくは予算の問題で難しい、などいろいろな要因があるので、体毛を意識することが必ずしもそのまま実際の体毛処理の経験に直結するとは限りません。それでも、気にしているほど体毛処理を試みる傾向があることが確認できます。

4．体毛処理の経験の実態

子どもの体毛処理の経験の実態についてはこれまでマーケティング調査などを中心に扱

われてきました。ちなみに、私のおこなった２０１８年の調査では、頻度は別として、未就学児から小学生低学年は2割を下回る程度、小学生高学年では2割を超える程度、そして中学生で約4割、高校生で約6割程度が体毛処理をおこなっていることが示されています[5]。

最近の子どもの回答データ（調査A）も見ていきましょう。学年別に体毛処理の経験をまとめたのが図3-6です。小学1年生から4年生で2割程度、5年生と6年生で3割程度というところでしょうか。おこなったことはないけれども興味があるという児童は1年生で2割程度でしたが6年生になると4割程度になります。小学6年生になると、興味も無いという人は2割ぐらいのみという結果です。学年が上がると、経験したり興味を持つ人がやや多いということが読み取れます（クラメールのV＝0.19、p＝0.005）。

この割合はどのように考えることができるでしょうか。少なくとも、6年前の２０１8年に比べてそこまで大きな違いは確認できません。さまざまなメディアで子どもの脱毛が取り上げられることがあり、いかにも増えたような印象があるかもしれませんが、ここ何年で急激に増えたというわけではなさそうです。子どもたちが変わったわけでは

図3-6　学年による体毛処理の興味と経験

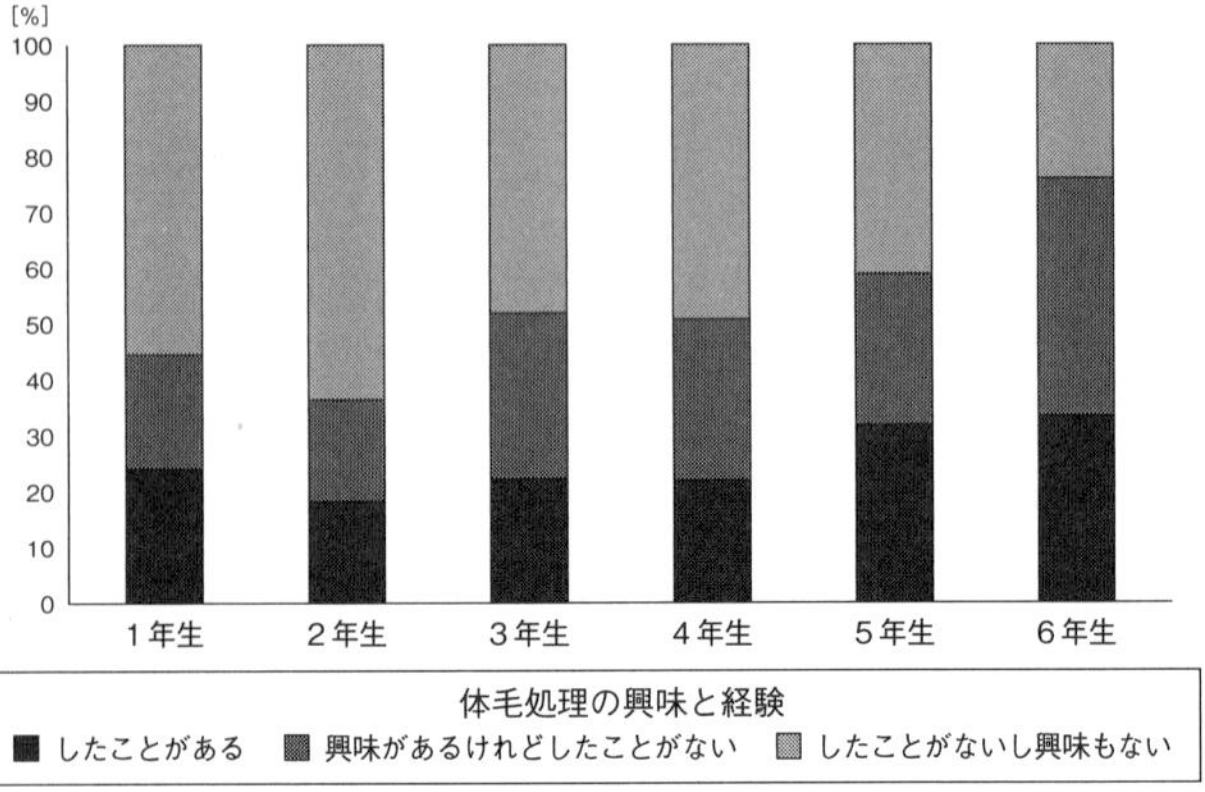

なく、メディアが取り上げるようになったので目につくようになった、と考えることができそうです。とはいえ、今後社会が変化していくことによって、小学生の体毛処理の経験割合が増えていく可能性はあります。

　これまで説明してきたことをまとめると、次のようになります。まず、第二次性徴によって体毛が生え、体毛への意識が向くようになり、そして体毛処理をおこなうようになる、という流れが想定されます。そのため、低学年に比べて高学年の子どもの方が体毛処理をおこなっているのでしょう。とはいえ、低学年でも体毛処理をおこなう子どもがいます。これは、身体の変化だけでなく、親などの環境の影響が大きいと考えられます。なお、高学年の子どもの方が体毛処理をおこなっている他の理由の一つとして、親の体毛処理への許容が関係している可能性もあります。つまり、高学年になって、親が体毛処理を認めるようになったことが関係しているということです。これについては、第7章で見ていきましょう。

5．都会の子どもの方がすすんでいる？――メイクアップと体毛処理

ところで、第2章では見た目への意識は都市部かそうでないかで異ならないことを確認しました。しかし意識はともかく、メイクアップという行動においては、違いはあるのでしょうか。また、メイクアップよりも経験頻度が少ない体毛処理においてはどうでしょうか。調査Aのデータで確認してみたいと思います。

住んでいるところを大都市と市と町村で分けて、[6] メイクアップの経験について尋ねてみたのをまとめたのが図3-7です。見た目への意識と同様に、住んでいるところが都市部かそうでないかで違いは確認されませんでした（クラメールのV＝0.04、p＝0.864）。化粧品の入手のしやすさや実行のしやすさも、住んでいるところで大きくは違わないと

いうことがうかがえます。

同様に、体毛処理についてまとめてみたのが図3-8です。これも、見た目への意識やメイクアップと同様に、住んでいるところが都市部かそうでないかで違いは確認されませんでした（クラメールの$V = 0.06$、$p = 0.699$）。

これらの内容は、第2章で言及したように、情報スピードや量に差がなくなっていることが原因の可能性があります。そしてこれは、住んでいるところに関係なく一律に現在の日本における「おしゃれ圧力」を子どもが受けているということも意味するのかもしれません。

ひとつ注意しておく必要があります。それは、ここではあくまでも経験や興味の有無を尋ねているということです。つまり、頻度やその種類は聞いていません。もしかすると、都会の方が普段からメイクアップをしていたりとか、都会の方がチークを使っているとか、そのような違いはあるのかもしれません。もしくは、都会の方が体毛処理を高頻度でおこなっていたりするのかもしれません。[7] これまで、子どものメイクアップの頻度やその種類、体毛処理の頻度や実施場所などについて扱った調査はいくつかおこなわ

図 3-7　居住地とメイクアップの興味や経験

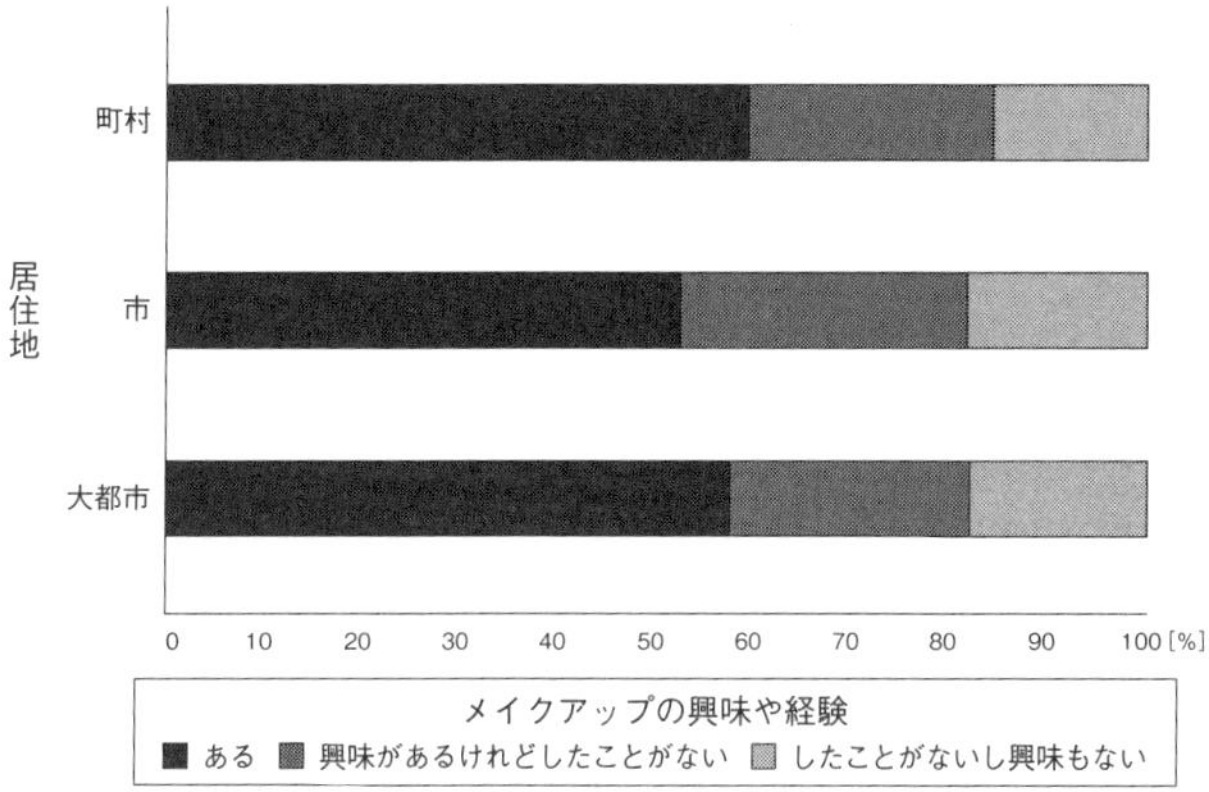

図 3-8　居住地と体毛処理の興味や経験

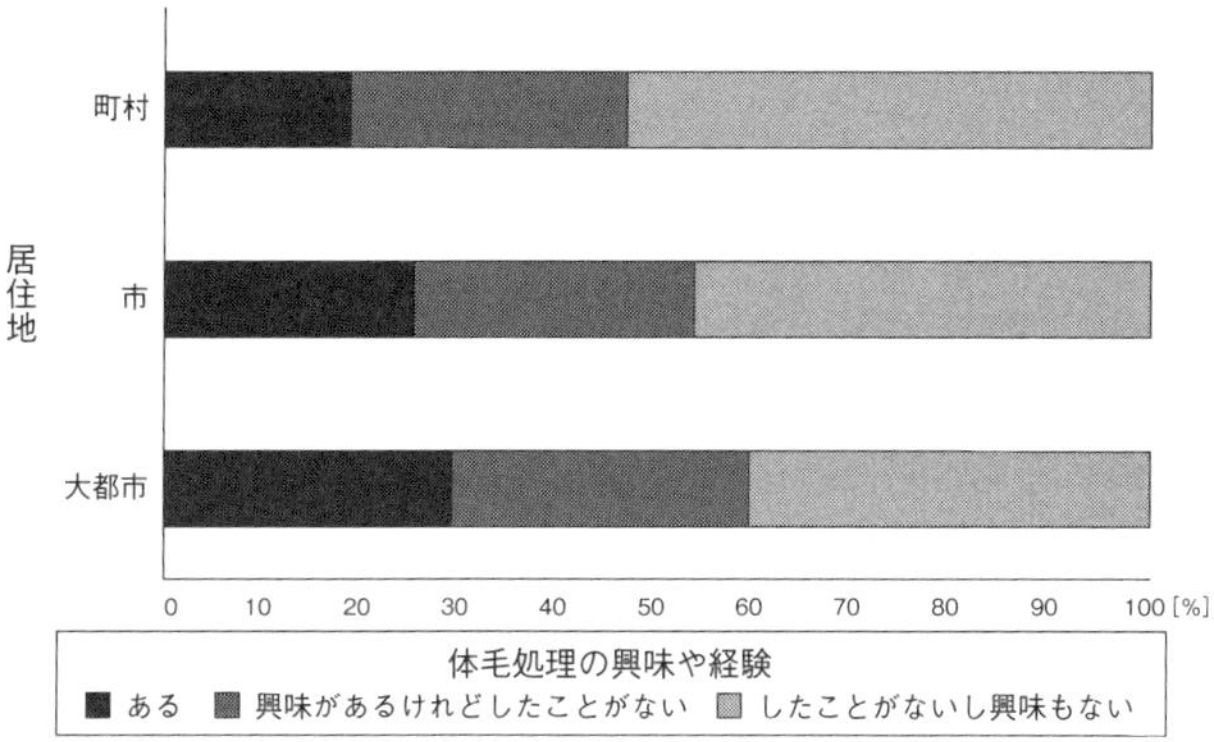

れていますが、都市部か否かという要因を扱って分析してはいないようです。この点について検討することも、環境の影響を明らかにするという点では重要といえるでしょう。

6．体毛は余計なもの？

ここでは、体毛処理がなぜおこなわれるのか、改めて考えてみたいと思います。部位にもよりますが、日本の成人女性の多くは体毛処理をしています。男性も、近年は体毛処理する人が増えていますし、そもそも、髭《ひげ》は以前からほとんどの男性が剃っています。それでは、なぜ体毛処理をしているのでしょうか。体毛は無駄なものなのでしょうか。

体毛は本来、余計なものではないはずです。理由があり、身体に存在しています。たとえば、頭髪は日差しや物理的衝撃から身を守る働きが、脇毛は摩擦を低減したりフェロモンをふりまく働きなどがあるとされています。もちろん、衛生面での処理が必要になることもあるでしょうけれども、基本的には無駄なものではないのです。そのため、体毛を忌避する必然性は本来はないはずです。

しかし、現在は日本人の大人の多くは体毛処理をあたりまえのこととしておこなうようになってきました。体毛処理の背景には、美意識や宗教などがある場合もありますが、身だしなみ意識もあります。日本において、男性が髭を剃らずに何日も伸ばしっぱなしで仕事相手に会ったとしたら、それは一般的には礼を欠いていると見なされるでしょう。同じように、女性が脇毛を剃らないでいるのがノースリーブのシャツから見えているとしたら、周りの人は困惑するかもしれません。これは、共有されている現在の社会的規範から逸脱しているから生じるのです。

文化によって、何がどのくらい許容されるのかは異なります。しかし、それぞれの社会に規範があり、それにそった身だしなみのマナーが存在しています。そして、共有されたそのマナーを逸脱すると、ネガティブな視線を向けられることになるのです。そこで、羞恥心というメカニズムによって、自分の行動を調整する、つまりこの場合は体毛処理することによって、羞恥心が生じないようにその非難の状況を回避し、他者との関係に問題が生じないようにするのです。たとえば男性が脇毛を剃るのが一般的な文化もあればそうではない文化もあります。そして、脇毛の処理をしていない人が前者の文化に行けば羞恥心を感じるかもしれませんが、後者の文化では何も気にしないで生活できるでしょう。

そして、身だしなみの規範というのは、時代によっても変化してきます。たとえば、日本においても、女性が脇毛の処理をするのが一般的になったのはこの半世紀ぐらいのことですし、いわゆるデリケートゾーンを脱毛するようになったのも比較的最近です。また、男性が脇毛やすね毛を処理するようになったのも、この10年くらいのことといえます。一昔前であれば男性がすね毛を処理していたら、奇異の目で見られたのが、今やあたりまえのものになってきています。

現在は、体毛が余計なもの、取り除くものとして見なされている社会といえます。そのこともあって、男女ともに以前より体毛処理をおこない、そして、大人だけでなく子どもも体毛処理をおこなうようになってきているのだと考えられます。

7．子どもの体毛処理と社会的規範

街中やインターネット上に体毛処理の広告があり、大人も体毛処理をおこなっているこの環境においては、子どもも「体毛処理はあたりまえ」という感覚になっていくのは不思議なことではありません。そして子どもがそれまでの生活で、体毛を良くないものや恥ずかしいものとして学んでいることも想定されます。つまり、現在の社会の規範を子どもも取り入れ、体毛処理したいと考えるようになっていることが推察されます。そのため、子どもだからダメといった禁止は、子どもに響かない可能性があります。

しかし、体毛に限りませんが、見た目について子どもはからかう／からかわれることがあります。場合によっては、いじめにつながることもありえます。もし体毛を気にしている理由が親も納得できるようなもの、もしくは納得できなくても子どもの状況を理解できるようなものの場合は、子どもの体毛処理を認めるというのも一つの選択肢と言えるかもしれません[8]。

ともあれ、なにごとであっても、自由な選択ができるのが大事です。たとえば、体毛処理が全員に対して強制になっている社会は健全とはいえないのではないでしょうか。確かに現在は、ほとんどの女性が社会的規範により脇毛を処理しています。しかし、他の部位については、必ずしも多くの女性が処理しているわけではありません。男性も、一部の人は脇毛やすね毛などを処理していますが、まだ一部の人の現象です。もしそれが、全員処理していないといけないという社会的圧力のもと、強制的に体毛処理を強いられたらどうでしょうか。そこには自由はなく、そして、従わない人は社会から排斥されることにつながります。そして子どもも、たとえば、何かしらの理由で体毛を処理できない、もしくは本人の考えで体毛を処理しなかった場合に、周囲の人から非難され、場合によっては排斥されてしまうことになります。全員が同じことをしないといけない世界、全員が同じように体毛処理しないといけない世界、全員が同じ装いをおこなわなければいけない世界、これは自由が認められない世界です。このような世界は不健全ではないでしょうか。体毛処理に限らず、装いについて個々人が自由に選択できる余地を残しておくことは、豊かで健全な社会のためには必須といえます。

本章のまとめ

- 学年関係なく、多くの割合の女子が、見た目を意識しおしゃれに関心をもっている。
- 学年関係なく、5〜6割の女子にメイクアップの経験がある。
- 学年があがるほど体毛を意識し、また、体毛処理をおこなっている。

。体毛は本来余計なものではなく、社会が余計なものとしている。
。体毛処理に限らず、社会による圧力が大きすぎるとそれは不健全である。

〈注〉

1 鈴木公啓「子どものおしゃれの低年齢化　未就学児から高校生におけるおしゃれの実態」（『慶應義塾大学日吉紀要　言語・文化・コミュニケーション』、50、53-69頁、２０１８年）

2 ニフティキッズ「みんなのホンネ調査レポート「コスメ」」 https://kids.nifty.com/parent/research/cosmetics_20240601/?utm_source=niftykids&utm_medium=prtimes&utm_campaign=researchreport_0613（２０２４年）

3 「まったくない」から「頻繁にある」の４件法で回答を求めています。

4 注3と同じ4件法です。

5 注1と同じ。

6 ここでは、大都市は、「東京都区部、札幌市、仙台市、さいたま市、千葉市、横浜市、川崎市、相模原市、新潟市、静岡市、浜松市、名古屋市、京都市、大阪市、堺市、神戸市、岡山市、広島市、北九州市、福岡市、熊本市」としています。

7 体毛処理の実施場所の違いがあると思う人もいるかもしれません。そこで、その点についてみてみました。大都市だと実施場所が「エステサロン」とした人の割合はわずかに大きかったのですが、「家」や「病院やクリニック」とした人の割合には違いはありませんでした。

8 こういった親の許容については、第7章で詳しく見ていきたいと思います。

第4章　痩身体型とダイエット

この章では、いわゆる「ダイエット」を取り上げたいと思います。ダイエット（diet）という言葉は、本来は食事療法のことを意味しますが、ここでは現在の日本の一般的な使用法にあわせて、「痩せた体型を目指したり、維持したりするための食事制限や運動、サプリメント摂取などのあらゆる方法と行動」を指してダイエットと定義することにします。[1]

ダイエットは「体型を変化させる」という点では、外観を変化させることの一つであり、装いの一つとみなせます。ダイエットをしたことがあるという人は多いため、もしかすると読者の皆さんの中にも、今まさにダイエット中という人がいるかもしれません。体型は端から見て非常にわかりやすい対象です。また、化粧や体毛処理と異なり、簡単に短期間で変化させることはできません。努力も必要です。だからこそ、体型を変化させて理想の姿に近づくことで、他の装いでは得られないものを得ることが可能となるのだと思われます。たとえば、化粧による気分の変動よりも、瘦せることによる自信の向上の方が、当人にとって強い効果をもたらす可能性があります。そしてそれは子どもであっても同様でしょう。

以前から小学生のダイエットが話題になることはありました。しかし、話題になっているからといって、全員がおこなっているとは限りません。実態はどうなっているのでしょうか。データから丁寧に読み解いていきたいと思います。

1. 体型を意識する子どもたち

ここでは、私が2024年に小学生208名を対象としておこなった、体型とダイエットについての調査のデータをもとに見ていきたいと思います（「はじめに」で述べた「調査B」です）。

ダイエットの実態について見ていく前に、自分の体型についてどのくらい意識しているのかを見ていきましょう。これは、ダイエットの背景要因の一つになるものといえます。「自分の体型（瘦せていたり太っていたり）が気になる」程度について、「あてはまら

図 4-1　学年による自分の体型が気になる程度

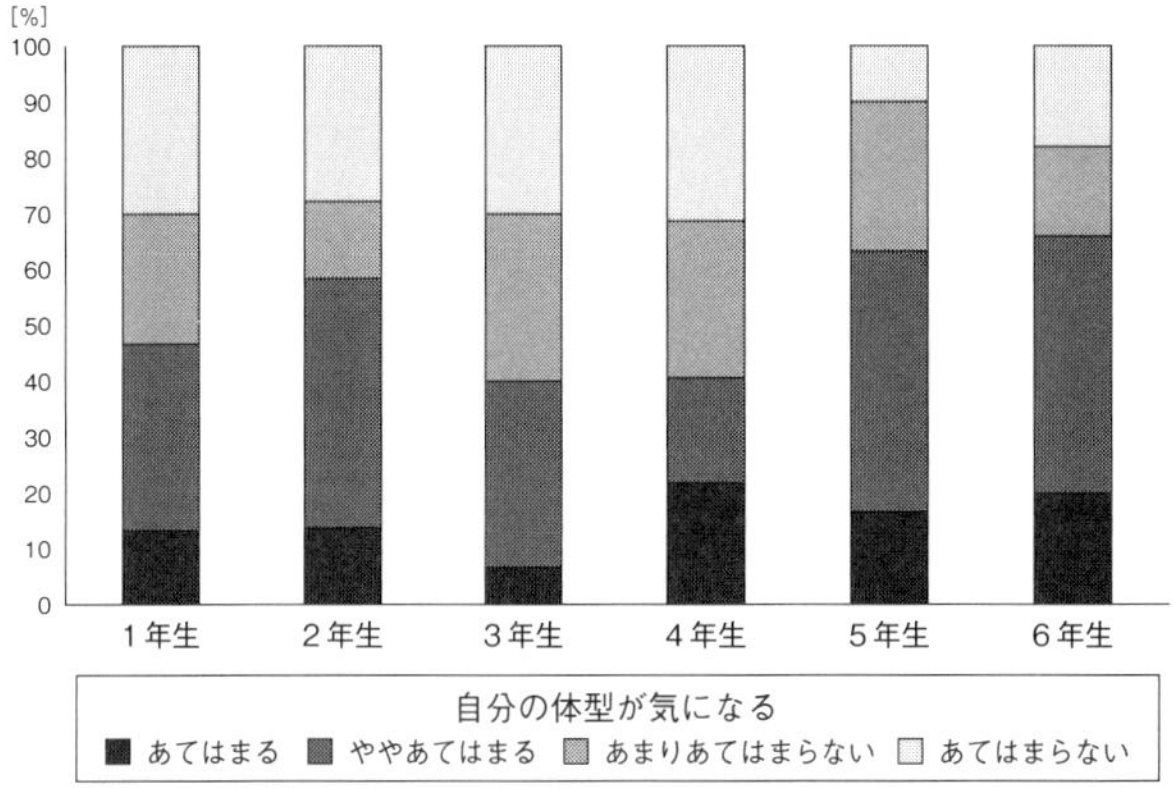

ない」から「あてはまる」の4件法で回答してもらいました。学年別にまとめたのが図4-1です。「ややあてはまる」または「あてはまる」を選んだ女子は、各学年で4割から6割程度でした。なお、高学年の方が少し割合が大きいようにも見えますが、統計分析をおこなうと、学年により回答傾向は異ならないとみなせるようです（クラメールのV＝0.17、p＝0.319）。

これらの結果からは、どうやら小学生低学年の時点で体型を意識している人がそれなりにいることが確認できます。第3章でおしゃれへの関心について見ましたが、そこでも小学生の低学年から関心を持つ者の割合が大きいことが確認されています。どうやら、小学生は外見全般について早くから意識しているようです。

2．自分の体型についてどう思っているか

実際の客観的な体型と当人の認識は対応しているのか、体型（身長と体重から算出した肥満度）と当人の体型認識との関係から見てみました。体型の認識は「とても痩せている」から「とても太っている」の5件法で回答してもらいました。結果はどうだったかというと、実際の体型が太いほど自身を太っていると認識する傾向が確認できました（スピアマンの順序相関係数ρ《ロー》$=0.47$、$p<0.001$）。これは皆さんも納得できる結果でしょう。[2]

さらに、体型の不満についても見てみました。体型の不満については、「自分の体型（痩せていたり太っていたり）について不満を持っている」程度について、「あてはまらない」から「あてはまる」の4件法で回答してもらいました。まず、学年による違いを見てみました（図4-2）。「あてはまる」または「ややあてはまる」と回答した女子は、各学年で3割から5割程度でしたが、統計分析をおこなうと、学年により回答傾向は異ならないことがわかりました（クラメールの$V=0.18$、$p=0.187$）。

図4-2　学年による自分の体型への不満

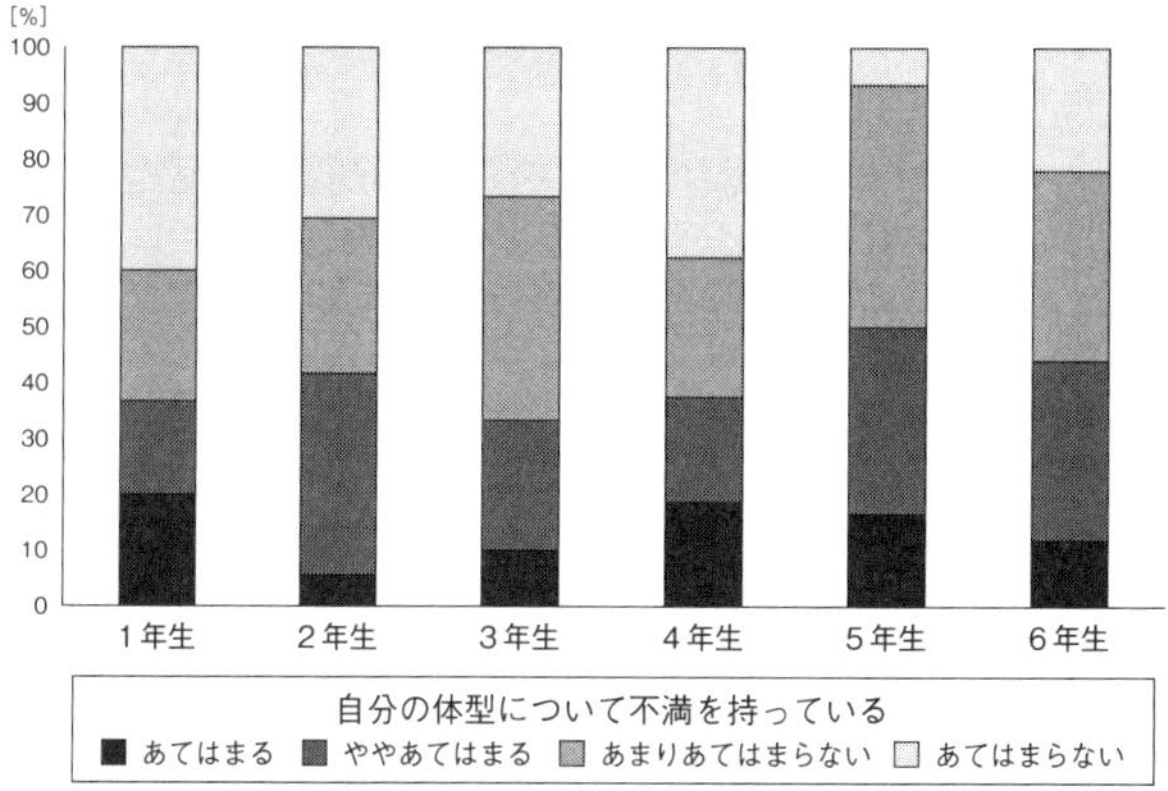

次に体型の不満と体型の認識の関連を見てみました。おそらく皆さんが予想したとおり、体型の不満は体型の認識と関連があることが確認されました（クラメールの$V = 0.27$、$p < 0.001$）。つまり、太っていると思っているほど体型に不満を持つ傾向があるということです。[3]

さて、今度は体型の認識と体型の希望との関係も見てみましょう。体型の希望については、「痩せたい」から「太りたい」の5件法で回答してもらっています。図4-3から確認できるように、とても痩せていたり少し痩せていても、現状から太らずにこのままでいいという女子が半数以上いることが確認できます。また、自分の体型を普通と思っていても痩せたいとする子

図 4-3　体型の認識と体型の希望

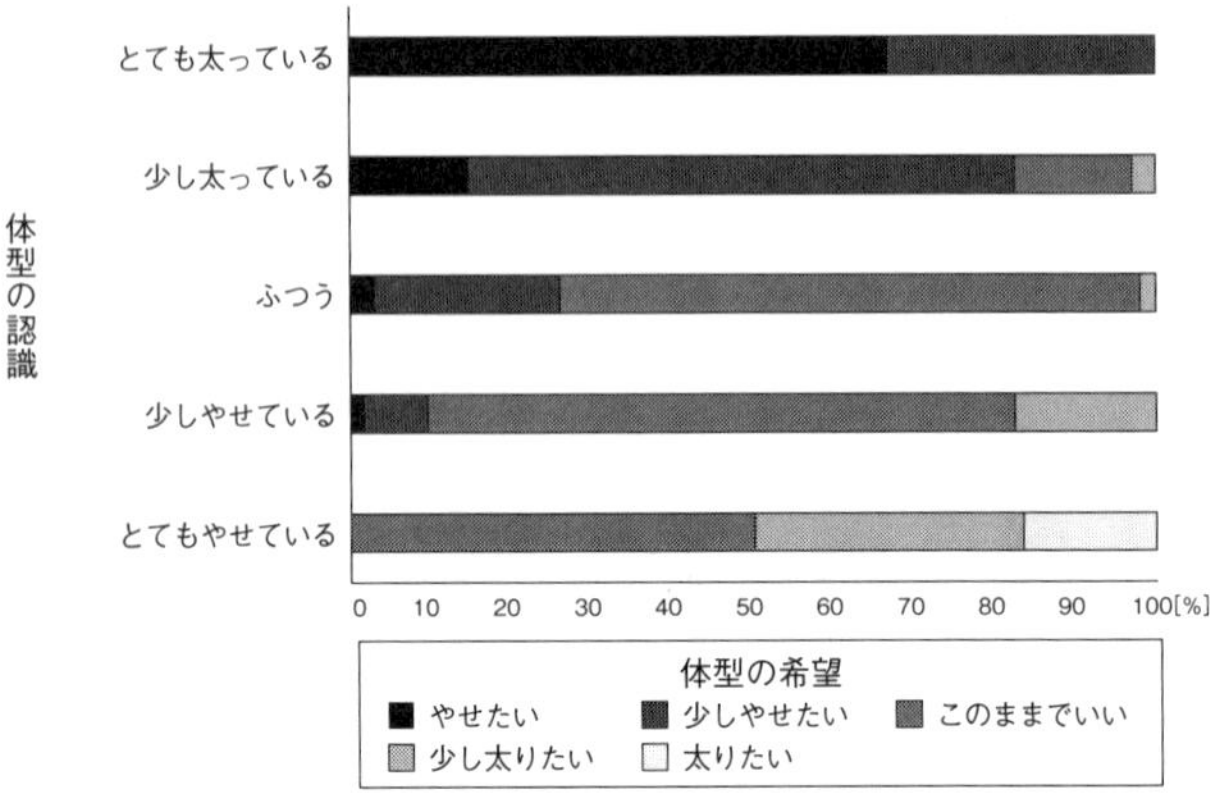

どもが3割程度いることも確認できます。つまり、痩せの方向に希望が偏重しています。これは、従来の研究でも確認されてきたことですが、改めて確認できたといえます。

　これらのことから何が言えるでしょうか。まずは、小学生低学年の時点で、外見の一側面である体型について意識する子どもがある程度いて、小学生の低学年の頃から体型に不満を持ったり、痩せたいと思う者がいるということがみてとれます。そして、太っているほど体型に不満を持ち、そして、痩せたいと思っていることも確認できます。つまり、痩せた体型が理想とされている社会で自分がどのような体型であるかを意識し、痩せた体型でない場合は不満を持ち、そして瘦せた体型を希望しているということが読み取れます。大人においては「瘦せ＝美」または「瘦せ＝よい」という価値観が蔓延《まんえん》していますが、どうやらそれが小学生まで浸透してきているようです。

これについては、やはり親やメディアなど社会による影響が大きいと考えられます。その点については、第6章や第7章で改めて確認したいと思います。

3．ダイエットの経験の実態

実際のダイエットの経験についても見ていきましょう。なお、ダイエット経験については、「食べる量を減らしたりした」「運動したりした」「サプリメントやお茶を飲んだりした」のそれぞれの経験をたずね、いずれか一つでもおこなったことがある場合に「経験がある」と集計しています。ちなみに、個々についても全体であっても、学年による経験の違いはみとめられませんでした（全体についてはクラメールのV＝0.185、p＝0.211）。つまり、低学年のころからダイエット経験をしている子どもが高学年と同じくらいいるということを意味しています。現時点で低学年の子どもたちが成長して高学年になったときにはダイエットを新たに始める人がでてくるでしょうから、彼女らの高学年の時点におけるダイエット経験割合はさらに大きくなる可能性があります。今回の知見は、ある意味、ダイエットの低年齢化ということの証左にもなっていると考えられます。

さて、体型の希望と実際のダイエットとの関連を図4-4にまとめてみました。両者には中程度の関連が認められました（クラメールのV＝0.34、p＜0.001）[4]。痩せたいと思っている子どもは、8割から9割がダイエット経験があります。また、このままでいいと思っている子どもも、6割がダイエット経験があります。これは過去にダイエットをしたことがあるが今はこのままでいいと思っているということであり、すでにダイエットをしてある程度痩せているためにそれを維持できればよいと思っているのかもしれません[5]。

ともあれ、小学生であっても痩せたいと思えばそのための行動をおこなっているということが確認できました。小学生であれば、家族で食事を取ることも多く、また、親もある程度は行動を見守っているわけですが、そのなかでダイエットをおこなっていると

図4-4　体型の希望とダイエット

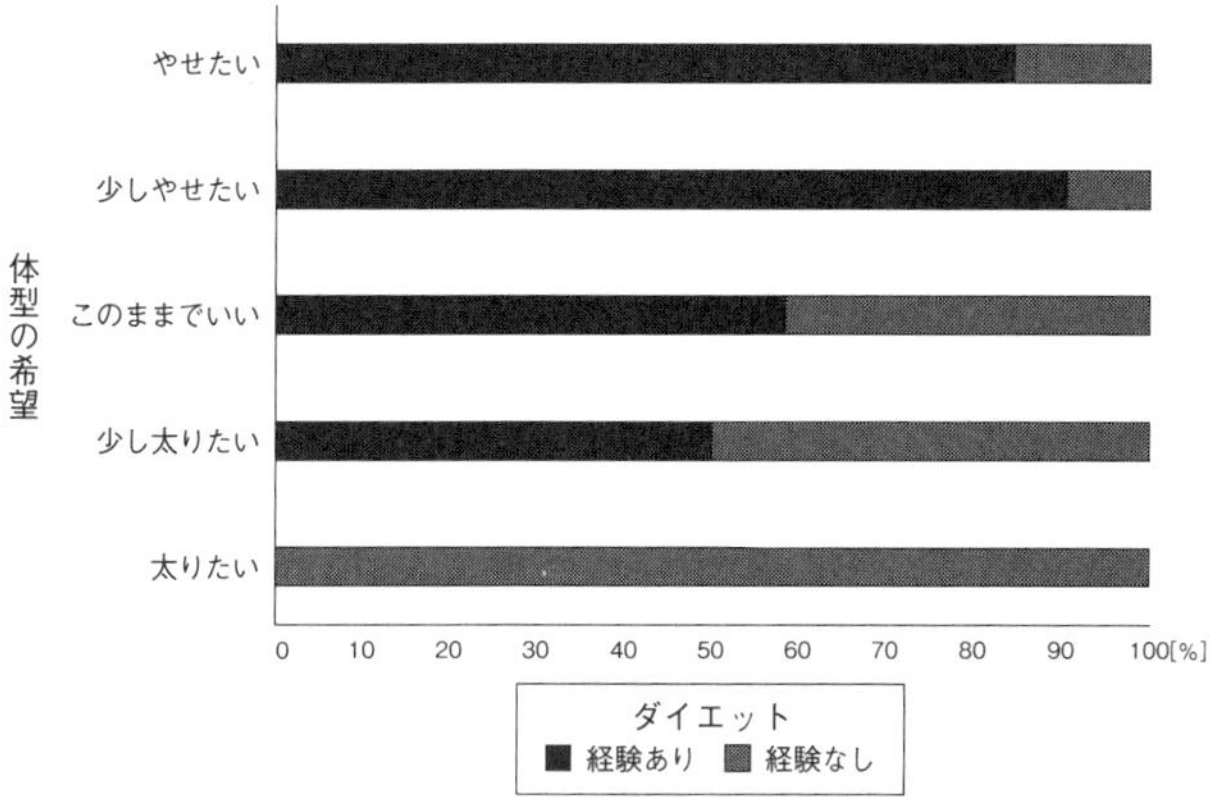

いうことは、親と相談しながらダイエットをしている、もしくは親が気づいていない、気にしていない、ひいては、親が推奨している場合などもあると考えられます。このあたりについては、追々いくつかの章で見ていきたいと思います。

4.「痩せ＝よい」の背景にあるもの

子どもたちが「痩せたい」と思うのは、痩せていると何かメリットがあると思っているからにほかなりません。そこに何も価値がなければ痩せようとはしないでしょう。

そこで、痩せていることとのメリット意識と体型の希望との関係を見てみたいと思います。痩せていることのメリット意識は「痩せていると良いことがあると思っている」程度について、「あてはまらない」から「あてはまる」の4件法で回答してもらいました。なお、「あてはまる」または「ややあてはまる」と回答した女子は、各学年で4割から7割程度でした。学年が上がるほど該当する割合は大きいように見えますが、統計的な分析をおこなうと、学年差は無いことが確認できます（クラメールのV＝0.16、p＝0.344）。

痩せていることのメリット意識と体型の希望との関連についてまとめたのが図4-5です。痩せたいと思っている人の方がよりメリット意識を感じていることが確認できます（クラメールのV＝0.26、p＜0.001）。痩せると何か良いことがあるから今よりも痩せようとし、ダイエットをおこなうわけです。これは、子どもも大人も同じようです。

では、具体的にはどんなメリットがあると考えているのでしょうか。これまでの研究において、一般的には、痩せを求める背景には健康よりも美の追求があることが確認されています。また、大学生を対象とした研究ですが、痩せると自信がもてる、積極的になれる、魅力的に見える、おしゃれが楽しめる、他の人から肯定的な評価をもらえる、といったものが痩せたい気持ちと関連している一方で、健康への意識はあまり関連して

図4-5　痩せていることのメリット意識と体型の希望

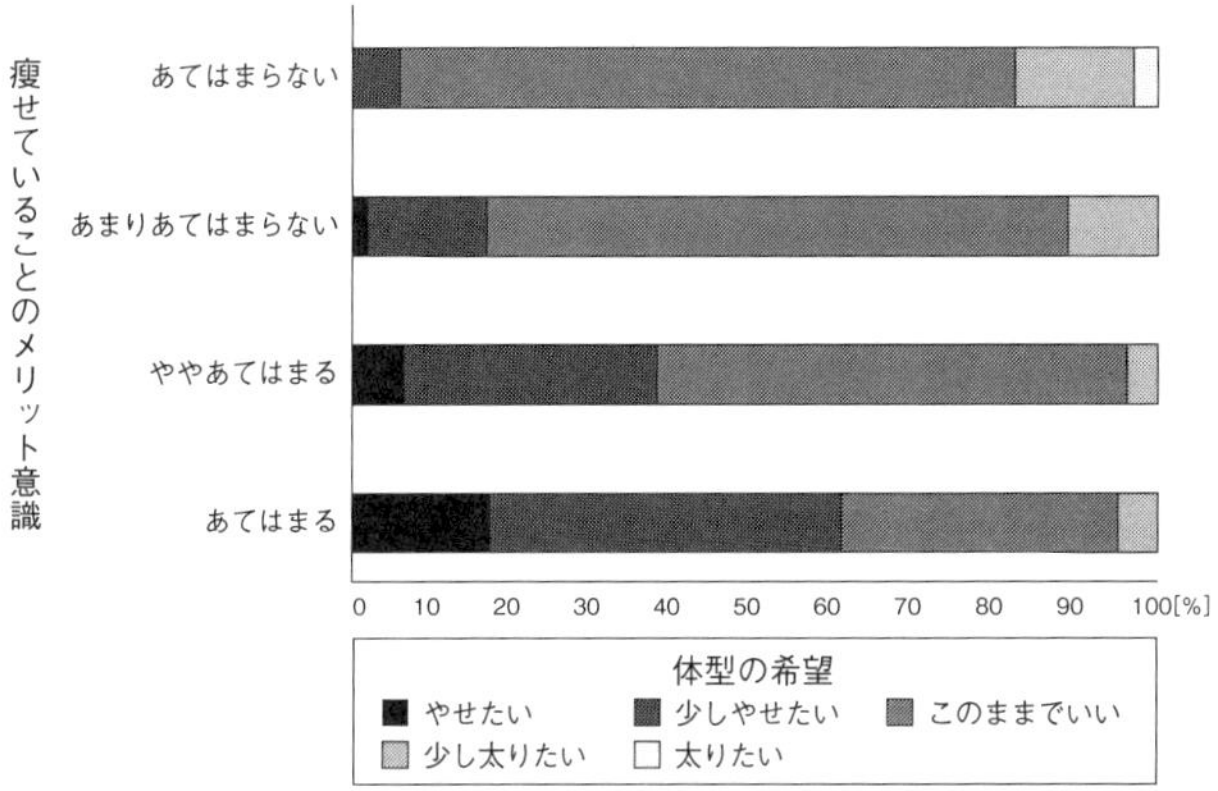

いないことが確認されています。[6]

　メタボリックシンドロームという言葉が気になる中高年男性を対象にした調査であれば、健康を意識した結果になるのかもしれませんが、少なくとも若い女性や女子においては、見た目の良さを重視して痩せようとしています。健康面から子どもや若い世代の「痩せすぎ」を問題視する声は強く、健康面を主とした教育も提案されているようです。しかし、もちろん健康面は重要ではあるのですが、子どもが見た目の良さを重視している以上、健康面を主としたアプローチは響かないといえるでしょう。健康を求めて痩せているわけではないからです。むしろ、健康を犠牲にしてでも痩せたい、という子どもいるでしょう。そうなると、正しい栄養や運動といった健康教育は効果があまり期待できないことになります。

そもそも装いというものが、身体に負担がかかったとしても、魅力の獲得のために追求がおこなわれうるものですし、むしろ、負担がかかるものをおこなっているからこそ、そこに価値が生じるということもあります。たとえば中世ヨーロッパで使われていたコルセットは、その締め上げから健康被害が生じていたようですが、することが当たり前としてなかなかその習慣をやめられなかったようです。現在であれば、ハイヒールなどのヒールの高い靴は足への負担が大きいものの、そのファッション性からおしゃれの一アイテムとして身につけられることがあります。大変であるからこそ、それをおこなっている人は賞賛され、また、当人も誇らしく感じる、ということがあるのです。

瘦身体型も同様で、身体を瘦せた状態にする、もしくは瘦せた状態である、ということは努力が必要です。読者の皆さんも、ダイエットに失敗した経験がある人もいるのではないでしょうか。ダイエットは多くの人は基本的には失敗するものであり、また、成功したとしてもその体型を長期間維持できるわけではないことが知られています。だからこそ、瘦身体型であることは価値があるものとみなされているのです。皆が簡単に瘦せることができるのであれば、瘦身体型は少なくとも今ほどの価値はなくなることでしょう。ダイヤモンドが道ばたにたくさん落ちていたら、ダイヤモンドの価値が暴落するようなものです。

5.「瘦せ=よい」から解放される／するには

それでは、もし子どもたちの極端な瘦せ志向に対して何らかの対応をするとしたら、どのような介入がよいのでしょうか。健康に訴えてもあまり効果がないことは先ほどお話ししたとおりです。海外を中心にいろいろな試みがおこなわれていますが、基本的には、子どもたちの認知を変えるという方法が主たるものとなっているようです。つまり、瘦せをよしとする考え、または自分の身体に対する否定的な考えを変えるという方法です。

子どもたちは、瘦せを良いものとする社会からの影響を受けて、「瘦せ=よい」という考えが内在化される（自分の考え方として取り込む）ことが明らかになっています。そこで、社会からの影響を弱めるための方法や、「痩せ＝よい」という考えを変えるための方法がこれまで数多く検討されてきました。とはいえ、いろいろなアプローチがあるものの、どれも単独では効果が大きいとは言いがたいようです。それほど、「痩せ＝よい」という考えは強固で、変容させるのが難しいのです。これからさらに研究が重ねられていく必要があります。

また、個人の考え方を変えるだけでなく、社会の側も変えていく必要があります。メディアに登場するタレントやモデルはかなりの痩身体型の方が多いですし[7]、インターネット上に書いてある彼女らの体重は（真偽はともかく）かなり低い値です。また、痩せるための道具や方法についての広告は街中にもインターネット上にもあふれています。社会全体が、痩せを推し進め、そして、痩せなければいけないというメッセージをシャワーのように大人にも子どもにも降り注いでいます。そのような環境においては、大人も子どもも、痩せていないといけないと思うようになるのはあたりまえのことといえるでしょう。ですから、痩せを強要しない、そして、個々の体型を受け入れていくことの大切さを共有できるような社会であることが必要なのだと思います。そのためには、個々人が意識を変えるだけでなく、企業の方針の変更や、政府によるSNSや広告の規制などさまざまなアプローチが必要になってくることもあるでしょう。

6．都会の子どもの方がすすんでいる？——ダイエット

話を戻して、ダイエットに関する地域差を見てみましょう。第2章では見た目への意識について、第3章ではメイクアップと体毛処理について、住んでいるところの都会の程度によって異なるかを検討しました。そして、都市部でもそうでないところでも同じくらいの割合で見た目を意識し、メイクアップや脱毛を経験していることが確認されました。それでは、体型の意識やダイエットについてはどうでしょうか。

住んでいるところを大都市と市と町村で分けて、[8]体型が気になる程度をまとめたのが図4-6です。大都市であるほど、体型が気になる子どもが少しではありますが多い傾向があることが確認できました（クラメールの$V=0.19$、$p=0.021$）。また、体型の不満についても、大都市の方が不満を感じている子どもの割合が少し大きいことが確認されました（クラメールの$V=0.20$、$p=0.010$）。さらに、痩せると良いことがあると思っている

図4-6　居住地と体型が気になる程度

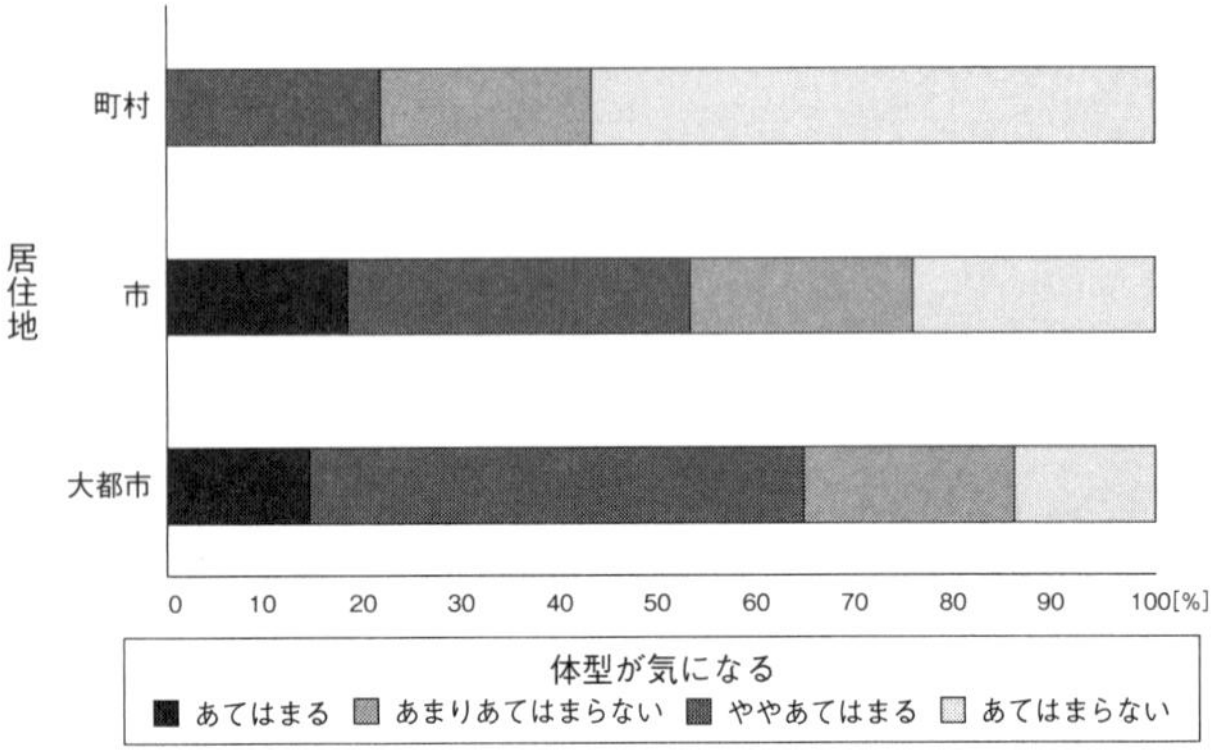

かについても、大都市の方が瘦せのメリットを意識している割合が少しではありますが大きいことが確認されました（クラメールのV＝0.18、p＝0.040）。どうも、大都市にいるほど、体型を気にして、不満を持ち、そして価値を置く傾向が少しだけあるようです。

一方、どうありたいか、そしてどうしているか、について検討したところ、地域差は確認されませんでした。まず、体型の希望については、9割の子どもが、今の体型のままもしくは瘦せたいと思っており、そして、住んでいるところによって、「瘦せたい」という程度の回答に違いはないことが確認されました（クラメールのV＝0.12、p＝0.695）。

さらに、ダイエット経験についても、住んでいるところでの違いはみとめられませんでした（クラメールのV＝0.13、p＝0.171）。つまり、居住地の都会の程度によって、体型の希望やダイエットの経験は変わらないということが明らかになりました。[9]

これらの結果から、大都市に住んでいる子どもの方が少しだけ体型を意識して不満を感じているけれどもそれほど大きな違いではなく、そして、痩せたい気持ちや具体的な行動については、他の装いと同様に居住地の都会の程度による違いは認められないということがいえそうです。子どもは住んでいるところにかかわらず社会の痩身志向の圧力を同様に受けているということがうかがえます。日本の社会全体での痩身への圧力をどうするべきか、考えていかなければいけないのは確かなようです。

本章のまとめ

- 4割から6割の女子は体型を気にしている。
- 女子は、普通の体型であっても、そして痩せた体型であっても、今より痩せたいと思っている者が多い。

。3割から5割程度の女子は体型に不満をもっている
。痩せたいと思っている女子の8割から9割がダイエットをしている。
。体型を気にする程度や、ダイエット経験は、学年によって大きく異ならない。
。都会の方がやや体型を気にし、不満を持ち、痩せのメリットを意識している傾向が確認できるが、痩せたいという気持ちやダイエット行動には差が認められない。

〈注〉
1 鈴木公啓『痩せという身体の装い 印象管理の視点から』（ナカニシヤ出版、2017年）
2 関連があるのはあたりまえと思われるかもしれません。しかし、あたりまえと思っていることが本当にそうであるという保証はありません。常識と思っていることは、研究によって覆されることもあります。たとえば、第2章や第3章の都会度の知見はどうだったでしょうか。都会かそうでないかでおしゃれへの態度などが違っていると思っていた人はいなかったでしょうか。しかし実際には、違いがないという結果が得られました。このことが確認できれば、以降は、違いが無いという前提のうえで、議論をおこなったりすることができるようになるわけです。また、もし思ったとおりだったとしても、それならばそれで、その後の議論を安心して進めることが可能となります。そのため、一度データで確認してみるということは大事なことなのです。
3 これも皆さんの想像どおりだったかもしれません。しかし、体型が重要視されない社会では太ってい

ても特に不満を感じず、場合によっては痩せている方が不満を感じるということもありえます。今回の関連は、痩せていることをよしとしている社会であることのあらわれと見なすことができます。そして、それを確認するためにも、一つ一つ丁寧にデータで確認していく必要があります。

4　太っているからダイエットをするのでは、と思う人もいるかもしれません。実は、BMI（Body Mass Index：痩せ具合-太り具合の指標）とダイエット経験の関連はあるにはあるのですが、その関連は弱いです（点相列相関係数で0.26、$p<0.001$。値の解釈はピアソンの積率相関係数と基本は同様）。つまり、実際の体型以外のさまざまな要因によってダイエットがおこなわれていることが示唆されます。

5　少し太りたいという子どもでも、ダイエット経験がある子どもがいます。これは、試しにダイエットをしてみたとか、ダイエットをしすぎて痩せてしまったためにもう少し太りたいと思っているとかなのかもしれません。

6　鈴木公啓「装いの枠組みによる痩身の心理的機能と効用についての確認　体型結果予期の分類および痩身願望との関連」（『パーソナリティ研究』、21〈2〉、164-175頁、2012年）

7　鈴木公啓「メディアの登場人物はどの程度痩身体型に偏っているのか　2024年時点での女性の芸能人、K-POPアイドル、YouTuberのインターネット上のBMI値を対象として」（『容装心理学研究』、4、11-14頁、2025年）

8　大都市は、「東京都区部、札幌市、仙台市、さいたま市、千葉市、横浜市、川崎市、相模原市、新潟市、静岡市、浜松市、名古屋市、京都市、大阪市、堺市、神戸市、岡山市、広島市、北九州市、福岡市、熊本市」としています。

9　ちなみに、居住地によってBMIに違いは認められませんでした。

第5章　おしゃれによる心身のトラブル

小学生でもメイクアップをしたり、体毛処理をしたり、ダイエットをしている人が一定数いるという実態が確認できました。装いは、以前にも書いたように、自分とつきあい、そして社会とつきあっていくための重要なツールです。では、手放しで子どものおしゃれをOKとしてしまってよいのでしょうか。

結論から言えば、子どもがおしゃれをすることは適切な範囲内であればよいのですが、ある程度の制限も必要といえるでしょう。というのも、おしゃれによって生じる問題があり、さらに、子どもだからこそ生じてくる問題があるからです。ここでは、身体のトラブルを中心に見ていきたいと思います。

1．装い身体トラブルって？

化粧品、衣服、アクセサリー、そしてダイエットなどが原因で生じる身体のトラブル全般のことを、「装い起因障害」[1]や「おしゃれ障害」[2]といいます。具体的なトラブルの内容としては、化粧品やアクセサリーによる皮膚のかぶれや、頭髪の染毛や脱色の際の薬剤による皮膚障害、カラーコンタクトによる結膜炎、マニキュアによる爪の障害など、内容は非常に多岐にわたります。皆さん自身、もしくは周りの身近な人でも経験したことがある人もいるのではないでしょうか。

それでは、そのようなおしゃれなどの装いによる身体のトラブル（以降、「装い身体トラブル」）の実際の経験割合について見ていきましょう。かなりめずらしいことなのでしょうか。それとも、意外と多いのでしょうか。

2．大人の場合

子どもの実態を確認する前に、大人の場合を見ておきましょう。大人はそれほど装い身体トラブルを経験していないのでしょうか。

図5-1は、私と研究仲間が2015年に成人女性832名を対象とした調査の結果です。[3] それぞれの装いの種類によって頻度は異なりますが、それなりに多くの人が装い

図 5-1　大人における装い身体トラブルの経験割合

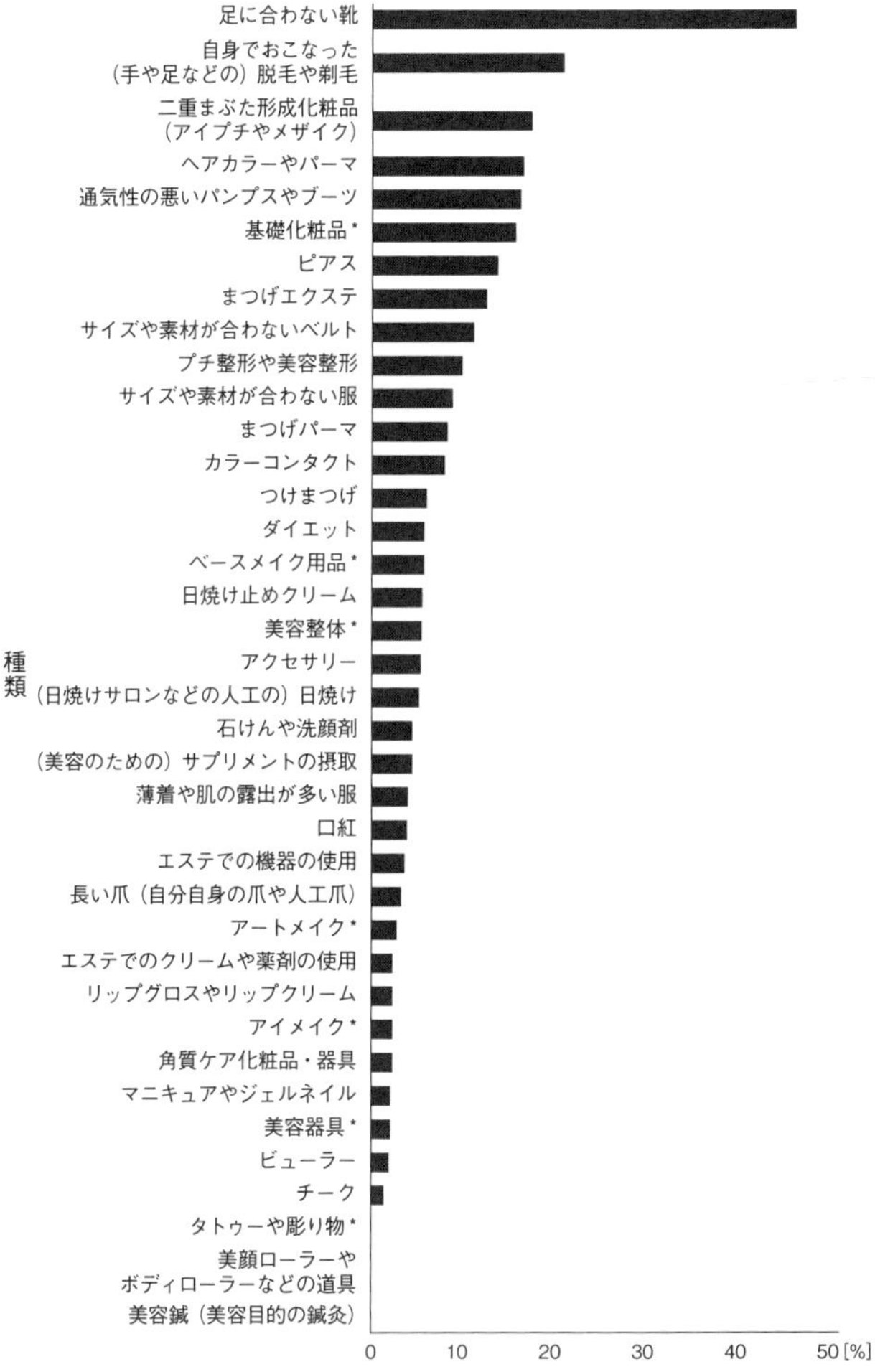

注：鈴木公啓・矢澤美香子「日本人成人女性における装い起因障害の実態」（『フレグランスジャーナル』、44、72-79頁、2016年）をもとに作成。
*ラベルは紙面の都合上省略した部分があります。章末の注4を参照してください。

身体トラブルを経験していることが確認できます。「足に合わない靴」（46・5％）を筆頭に、「自分でおこなった脱毛や剃毛《ていもう》」（21・1％）、そして「二重まぶた形成化粧品」（17・6％）、「ヘアカラーやパーマ」（16・7％）、「通気性の悪いパンプスやブーツ」（16・4％）、「基礎化粧品」（15・9％）、「ピアス」（13・8％）、「まつげエクステ」（12・7％）、「サイズや素材が合わないベルト」（11・3％）と続いていることが確認できます。つまり、装いの種類によっては、10人に1人より多い割合で装い身体トラブルの経験があるということです。これは決して少なくない割合のように思われますが、どうでしょうか。

3．子どもの場合

それでは、子どもの場合はどうでしょうか。子どももおしゃれをおこなっている現状を踏まえると、子どもにおいても装い身体トラブルが生じていておかしくありません。

これまで、子どもの装い身体トラブルに関する調査は散発的におこなわれていました。たとえば、東京都生活文化局により、化粧によるトラブルを経験した子どもが2・2％

いることが明らかにされています。[5]しかし、おしゃれの種類や地域等が限られているため、全体的な知見を見いだすのは少々難しいように思われます。

そこで、改めてその実態を確認するための調査を2018年におこなってみました。[6]この調査においては、子どもの装い身体トラブルについて、比較的幅広い内容について扱い検討しています。具体的には、未就学児、小学生、中学生、高校生におけるスキンケア、メイクアップ、ネイル、アクセサリー、ピアス、毛染め、体毛処理（調査では「脱毛・除毛」）、それぞれによる装い身体トラブルの経験割合について尋ねています。

調査結果によると、装い身体トラブルの経験は、それぞれにおいて10％を切っています。しかし、「当該のおしゃれを経験した者」に限定した場合、装い身体トラブルの経験が3割以上のものがあります。また、未就学児の装い身体トラブルの経験割合は、小学生低学年や高学年、中学生に比べて大きいことも確認できました。未就学児の場合、毛染めや体毛の体毛処理などによる装い身体トラブルの経験割合は3割を超えます。読者の皆さんは、これらの値をどのように思われるでしょうか。人によってとらえ方は異なるかもしれませんが、注意する必要があると考えられます。というのも、次節で説明するように、低年齢での身体のトラブルの経験は影響が大きくなることが多いからです。

4．低年齢であるほど問題が起きやすい

先ほど、未就学児のおしゃれ経験者における身体のトラブルの経験割合が、上の年齢層に比べ相対的に大きいことを確認しました。この理由として、皮膚の特徴が関係していると考えられます。子どもの皮膚は構造的にも免疫学的にも未熟です。子どもの皮膚は大人よりも薄いため、たとえば同じ化粧品を用いたとしても、大人に比べ皮膚のかぶれなどのトラブルが生じやすくなります。

また、子どもの場合は、適切な使用法を理解していない場合があることも考えられ、それが問題を引き起こしている可能性もあります。つまり、化粧品の使い方や落とし方などを十分に認識していないために、大人であれば生じないですんだはずのトラブルが生じるということがありえるのです。子どもは低年齢であるほど、化粧品等に記載された使用方法や注意事項を十分に理解することが難しいです。また、見よう見まねで使っていて、適切な使い方を知らない場合があります。さらに、不適切な使い方をすること

によってどのような問題が生じる可能性があるかについて十分に理解していない、想像できていない場合もあります。

そもそも、少なくとも現在流通している化粧品が、皮膚の弱い子どもに何も影響を及ぼさないという保証はありません。たとえ「低刺激」などという表記があったとしても、それは国などが定めた基準があるわけではなく、各メーカー内の基準によりますし、海外で安全とされているものが日本でも安全とは限りません。人種（科学的には古い考え方ではありますが）によって、同じ化粧品であっても反応の仕方が異なることも指摘されています。

なお、カラーコンタクトレンズに安全性の低いものがあったり、[7] いわゆる１００均ショップのマニキュアに発がん性物質が含まれていたことが発覚したりと、[8] 子どもが購入し使用しやすい商品に問題がある場合もあります。子ども向けの化粧品セットなども玩具店（インターネット上も含む）で販売されていますが、おもちゃとしての安全性はともかく、化粧品としての子ども向けの安全性は必ずしも保証されているわけではありません。化粧業界団体等が定める自主基準を満たしていないものもあります。[9] 安全性が十分に確認されているとは限らない商品が、値段の安さから子どもが購入しやすいという状況にあります。そのため、大人は注意して見守る必要があります。

5．ダイエットによる身体のトラブル

ダイエットの場合はどうでしょうか。ダイエットとそれによる痩身体型も装いの一つであり、ダイエットによる装い身体トラブルが生じる可能性もあります。たとえば、過度なダイエットによって具合が悪くなったり生理がとまったりといったトラブルです。第4章でみたように、ダイエットに興味や関心をもち、実際に痩せた体型を求めてダイエットをおこなう子どもの割合が多いことを考慮すると、ダイエットによる装い身体トラブルを経験する子どもも、ある程度いると考えられます。

その実態について、調査Bのデータから見ていきたいと思います。図5-2は、小学生のダイエット経験者において、その結果として体調を悪くしたことがあるかどうかたずねたものです。これを見てみると、1、2年生では4割が、3年生以上は2割から3割の子どもが体調を悪くしたことがあると回答していることが確認できます。つまり、

図5-2　学年によるダイエットによって体調を悪くしたことの経験

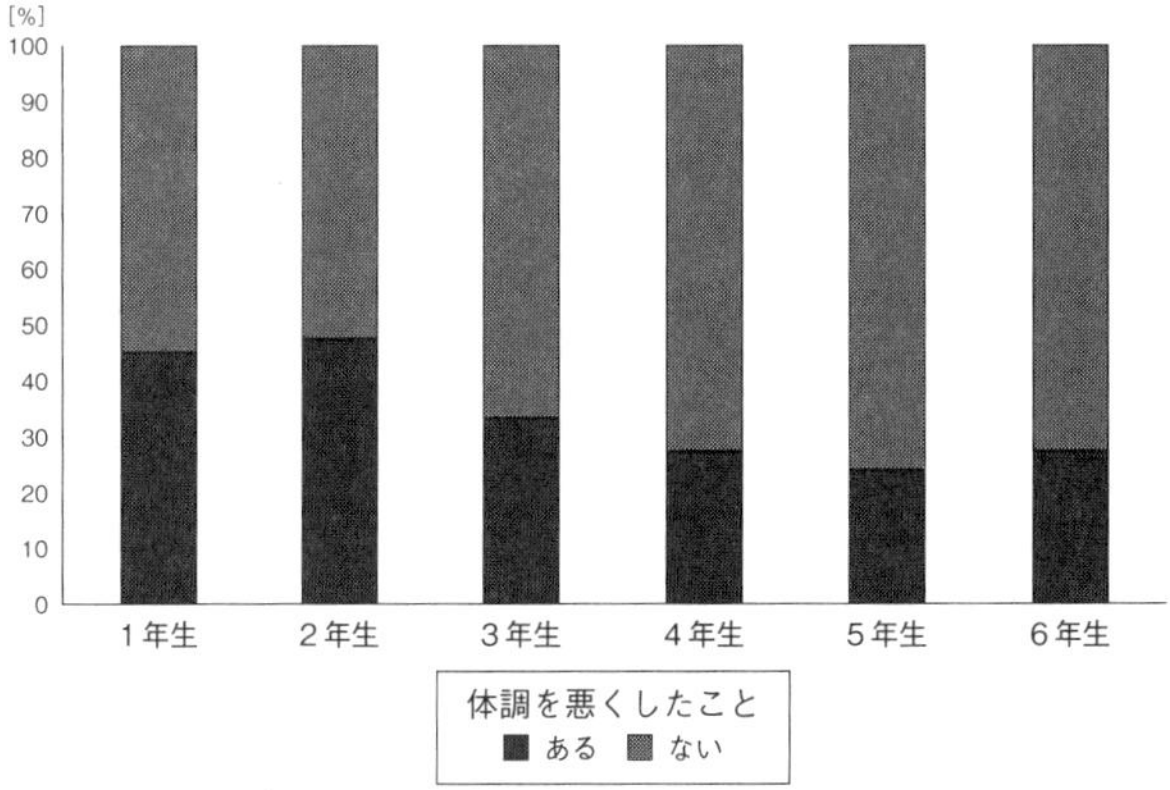

低学年であれば2〜3人に1人が体調を悪くした経験があり、高学年であれば4人に1人程度は体調を悪くした経験があるということです。学年と体調を悪くした経験には関連がみとめられませんでしたが（クラメールのV=0.22、p=0.132）、小学生のダイエットはあまりおすすめできないものといえそうです[10]。

さらに、学年が低くても体調不良の経験割合が大きいことから、よくわからないまま極端なダイエットをしたり身体に負担のかかるダイエットをしてしまったりしている子どもがいることが示唆されます。4章では、ダイエットをやめさせるために健康的側面から正しさを説いてもあまり効果がない、という話をしました。とはいえ、身体の受け止め方といった認知面に加え、子どもの体にはどのような食事が必要で、どのようなことをすれば体調が悪くなる可能性があるのか、それらについて低年齢のうちから伝えていくことが必要と言えます。

6. 子どものダメージは大きい

装い身体トラブルは、子どもであるからこそ大きな問題になりえます。子どものころにおきた装い身体トラブルは、その後の発達にネガティブな影響を及ぼしうるからです。たとえば、化粧品やアクセサリーによるアレルギー反応が一度生じてしまうと、一生涯続いてしまうことが多いとされています。子どもは皮膚が弱く影響を受けやすいため、成長してからであればトラブルとならなかったかもしれないのに、子どもの頃にトラブルになってしまったがゆえに、その後の長い人生ずっとそのおしゃれを楽しめないということにもなりえます。また、足の形に無理がかかるような靴を履いたりすれば、外反《がいはん》母趾《ぼし》などになっていく可能性もあります。[11] そうなると、一生困ることになります。ダイエットも同様です。極端なダイエットは、骨粗鬆症《こつそしょうしょう》の原因になったり、生理不順の原因になったり、そして場合によっては摂食障害になったりと、その後の心身への影響が大きく、10年も20年も回復できなかったりします。

健康的に楽しく人生を過ごしていくには、健康的な身体も重要です。子どもの頃のちょっとした行動が、身体にダメージを与え、それが一生のものとなった場合、それこそ後に悔やんでもどうしようもありません。だからこそ、何かしらの形で大人が教育や啓《けい》蒙《もう》などをおこなうことも重要になってくると考えられます。そして子どもたち自身も、できるだけ考える必要があるといえるでしょう。

7. 対応方法は？

それでは、どのような対応が可能でしょうか。成人女性に、装い身体トラブルについて、メディアや病院、美容院やネイルサロン、そして周りの人から見聞きしたことがあるかをたずねる調査をしたことがあります[12]。すると、見聞きしたことがある経験は、障害の種類によっては3割近いものもありましたが、ほとんどが数パーセント程度でした。つまり、多くの人が装い身体トラブルについて知らないで過ごしていることになります。

子どもの認識についてのデータはありませんが、子どもは大人よりも知らないのではないでしょうか。

そのような状況を踏まえると、まずは、どのようなものによってどのような問題が生じる可能性があるかを知ることが大事だといえるでしょう。そして、その危険性を知った上で、適切な使い方をしたり、そもそもおこなうかどうかを判断したりしていく必要があると考えられます。

今は、装い身体トラブルの注意喚起と啓蒙がさまざまな媒体でなされています。独立行政法人国民生活センター、消費者庁の消費者安全調査委員会、東京都健康安全研究センターなどによる報告書の公刊やリーフレットやパンフレットによる注意喚起、医院情報誌、保健所のリーフレット、小学校による保健だより、地方新聞の情報サイトなどのWEB上のさまざまなサイトでも情報提供と啓蒙が試みられています。そして、主に子ども向けの啓蒙用として、装い身体トラブルについての書籍も複数刊行されています[13,14]。興味のある方は、手にとってみてはいかがでしょうか。

ちなみに、私と研究仲間が大学生を対象としておこなったものですが、講義形式で装い身体トラブルの単純な情報提供をおこなうだけでも、装い身体トラブル経験後にその装いを控えようとする人が増えることが確認されています[15]。子どもに対しても、装い身体トラブルの存在、そしてそこから生じる問題を伝えることによって、そのおしゃれをおこなうまえに一度立ち止まったり、もしくは、身体にトラブルが生じてしまった後にそのおしゃれを控えるといった行動が増える可能性があります。友人間や親子間で情報が共有されるだけであっても、その予防効果がある程度は期待できるのではないでしょうか。

8．とはいえ人はなかなかやめられない

とはいえ、人はやりたいことを我慢するのが難しいようです。私と研究仲間が、成人女性に、装い身体トラブルになったときにその装いを控えたりしたかをたずねてみたところ、図5-3のような結果になりました[16]。若いほど、その原因となった装いを控えなかったり、一旦控えたけれども再開したりしたという人が多く、20代では控えた人は3割程度でしかないことが確認されています（クラメールの$V=0.23$、$p<0.001$）。若い人の

図5-3　年代による装い身体トラブルになった後の対応

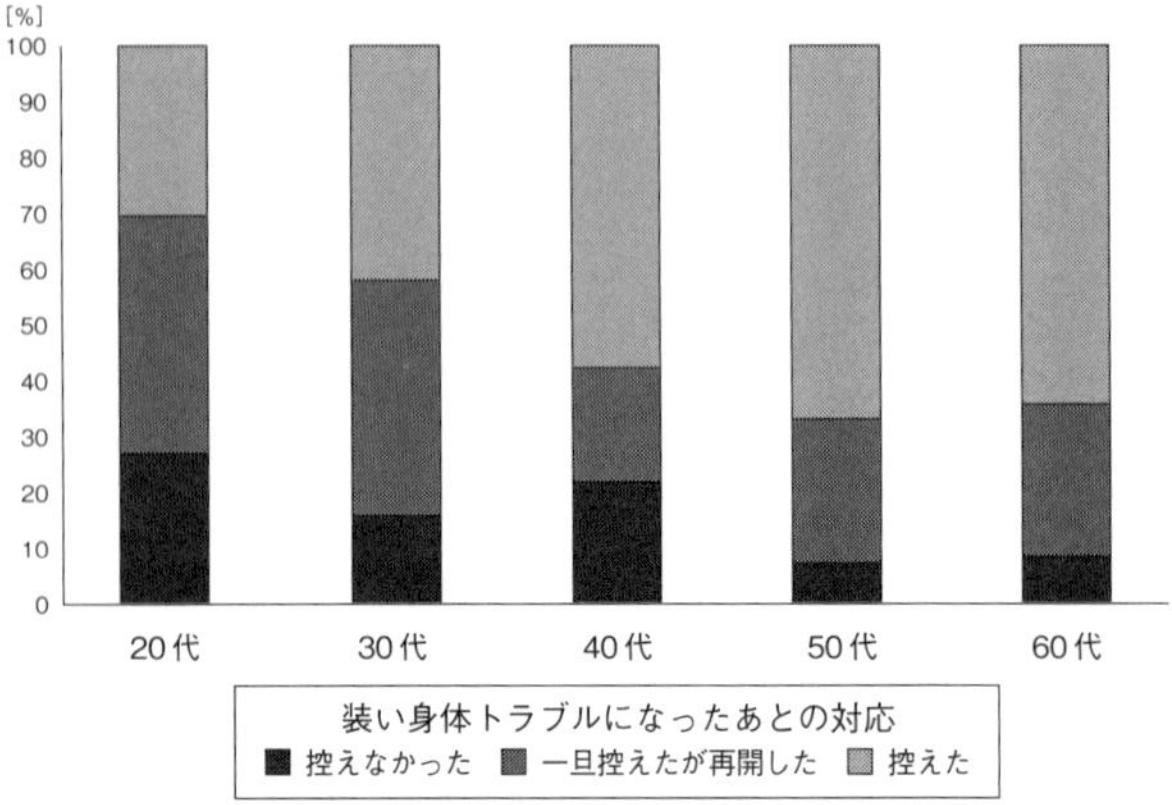

注：鈴木公啓・矢澤美香子「日本人成人女性における装い起因障害の実態」(『フレグランスジャーナル』、44、72-79頁、2016年)をもとに作成。

方が交通事故を起こしやすかったり危険行動をしやすかったりと、危険をおそれずに行動することが知られていますが、おしゃれにおいても同様に、身体のトラブルがあってもそれによる問題を気にせずにおしゃれを続けてしまうようです。

このデータは成人女性を対象としているため、さらに若い年齢層における実態は不明です。とはいえ、おそらく身体トラブルの原因となった装いを控えない人の割合が大きいのではないかと思われます。将来のことを考えて自分をコントロールするというのは、大人も子どももなかなか難しいものです。子どもに対して、装い身体トラブルが起きたのだからやめましょう、と言ってもうまくいかない可能性は高いと思われます。それでも、装い身体トラブルのことを大人や社会が伝える努力は必要です。子どもの理解力や自制心が十分でないのであれば、一層、周囲の大人そして社会がフォローしていく必要があると思われます。

9. 身体だけでなく心の問題も

ところで、装い身体トラブルは、身体にネガティブな影響を及ぼすのみならず、心理的にもネガティブな影響を及ぼしうることが懸念されます。たとえば、装いによってかぶれ、傷、炎症などの痛みや見た目の変化が生じた際に、それらが原因となって気分が落ち込んだりすることがあります。場合によっては、人と会うのを避けるようになったりすることもあるかもしれません。読者の中にも、吹き出物（ニキビ）ができたことで、気になって仕方がなかったり、気分が落ち込んだり、人前に出たくなくなったりした経験がある人もいるのではないでしょうか。見た目が本人の心理面に及ぼす影響は大きいため、子どもにおいて装い身体トラブルが生じたときは、その身体面だけでなく心理面への影響にも気をつけることが大事だと考えられます。

なお、周囲の大人は、トラブルが生じたときに頭ごなしにおしゃれそのものまで否定したり禁止したりするようなことは避けた方がよいでしょう。先にも書きましたが、大人でさえも、トラブルが生じてもその装いを継続することが確認されており、子どもでもそれは同様と考えられます。そのため、おしゃれを禁止されても、隠れて続けてしまい、次の装い身体トラブルの発見が遅くなってしまう可能性もあります。そして、その間に心理面での影響も大きくなる可能性があります。子どもたちも、おしゃれを楽しんでいるあいだに身体のトラブルが起きた場合は、その状態が悪くなる前に、親や信頼できる大人に思い切って相談することが大事です。そして親や大人の側も、子どもが相談できるような相手であることが大事と言えるでしょう。

本章のまとめ

◦装いによって「装い身体トラブル（装いによる身体のトラブル）」が生じることがある。
◦装い身体トラブルは、化粧やアクセサリー、染髪によるものだけでなく、ダイエットによるものもある。
○年齢が低い方が、装い身体トラブルが生じやすい傾向にある。
○装い身体トラブルの影響は一生にわたることもある。
○装い身体トラブルについて知ることが対策の一つとなりうる。
○若いほど、身体トラブルの原因となった装いをやめることが難しい。
○身体的な問題のために、心理的な問題も生じることがある。

〈注〉
1 鈴木公啓・矢澤美香子「大学生及び短期大学生における装い起因障害の実態把握」(『フレグランスジャーナル』、42〈8〉、52-60頁、2014年)
2 岡村理栄子『おしゃれ障害　子どものうちに知っておきたい!(健康ハッピーシリーズ)』(少年写真新聞社、2016年)
3 鈴木公啓・矢澤美香子「日本人成人女性における装い起因障害の実態」(『フレグランスジャーナル』、44、72-79頁、2016年)
4 当該箇所の実施時の文言は以下のとおりです。「基礎化粧品(化粧水、乳液、美容液、パックなど)。」「ベースメイク用品(化粧下地、ファンデーションやコンシーラーなど)。」「アイメイク(アイブロウ、アイシャドウ、アイライナーなど。ただし、まつげエクステなどは除く)。」「アートメイク(アイブロウやアイライン、リップのタトゥー)。」「美容整体(美容のための小顔矯正、O脚矯正、骨盤矯正など）。」「美容器具（スチーム、超音波、電流、光などを使う）。」「タトゥーや彫り物（洋彫りや和彫り。ただし、アートメイクは除く）。」

5　東京都生活文化局　化粧品類の安全性等に関する調査結果【概要】抜粋（２００７年）https://www.shouhiseikatu.metro.tokyo.lg.jp/anzen/test/documents/kesyouhinn.pdf

6　鈴木公啓「子どものおしゃれの低年齢化　未就学児から高校生におけるおしゃれの実態」（『慶應義塾大学日吉紀要　言語・文化・コミュニケーション』、50、53-69頁、２０１８年）

7　独立行政法人国民生活センター「カラーコンタクトレンズの安全性　カラコンの使用で目に障害も」（２０１４年）https://www.kokusen.go.jp/pdf/n-20140522_1.pdf

8　独立行政法人国民生活センター「子ども用のマニキュアからホルムアルデヒドを検出　当該品をお持ちの方は使用を中止して下さい」（２０１６年）https://www.kokusen.go.jp/pdf/n-20160225_4.pdf

9　東京くらしＷＥＢ「化粧品類の安全性等に関する調査結果」【概要】抜粋（２００７年）https://www.shouhiseikatu.metro.tokyo.lg.jp/anzen/test/documents/kesyouhinn.pdf

10　もちろん、それよりも上の年齢層であっても、不要なダイエットや極端なダイエットはおこなわない方がよいです。

11　子どもの外反母趾は、合わない靴による大人の外反母趾とは別物の場合もあります。

12　注3と同じ

13　注2と同じ

14　津久井直美『おしゃれトラブル　そのおしゃれ、間違っていない？　もっと知ろうからだのこと　16』（インタープレス、２０１０年）

15　鈴木公啓・矢澤美香子「装い起因障害に対する心理教育的介入の試み」（『東京未来大学研究紀要』、9、75-82頁、２０１６年）

16　注3と同じ。

第6章　メディアの影響

　この章では、子どものおしゃれに対する「環境の影響」について考えていきたいと思います。これまでの章でも触れてきましたが、現在は、「魅力的でおしゃれであるほどよい」という考え方が、子どものころから刷り込まれるような環境にあるといえます。見た目の良さを肯定的に評価し、そうでないことの不安を喚起している社会ともいえます。このような環境においては、子どもたちがおしゃれに興味や関心を持ち、見た目の良さにこだわり、そしてよりよい見た目であろうとすることは不思議なことではありません。

　環境の影響といっても、いろいろあります。これまでの研究では、メディアの影響、親の影響、友人の影響が主なものとして検討がおこなわれてきました。この章ではその中でもとくに、メディアの影響について見ていきたいと思います。実際、メディアが影響しているのでしょうか。つまり、メディアとの接触時間や回数が増えるほど、おしゃれに興味をもって化粧や体毛処理やダイエットなどをおこなうようになるのでしょうか。

1．社会にあふれる見た目を意識させるコンテンツ

マスメディアやインターネットメディアには、美しさやかわいらしさなど、見た目を意識させるコンテンツがあふれており、それらの内容も多岐にわたります。ここでは、登場人物、広告、見た目の扱われ方の3点について考えてみたいと思います。

まずは、登場人物についてです。メディアの登場人物、たとえば女性タレントやアイドルは、一般人よりも見た目が良い人が多い傾向にあります。そして、きれいに着飾っています。多くの場合、登場人物は大人であり内容も大人を対象としたものですが、それだけではなく、子どもをターゲットとしたものもあります。たとえば、子どもを対象としたファッション雑誌は複数刊行されており、そこでは着飾った子どもが登場します。このような雑誌に登場する読者モデルなどを目にして、自分と比較することによって、自分の見た目に不満を持ち、場合によっては、自分が魅力的に見えるように着飾ったりダイエットしたり、といったことがおこなわれるのです。

これは、心理学でいう「社会的比較」[1]のプロセスで説明できます。外見に限らず、私たちは自分の状態を確認するために、自分と周囲の人との比較を繰り返しおこなっています。そして、自分が他の人よりも劣っている場合（これを上方比較といいます）、劣等感を感じたり、自尊感情の低下を生じさせたりします。同時に、自己を向上するための動機につながったりもします。見た目についての社会的比較のプロセスの結果、落ち込んだり対策したりといったことが生じるのです。

次に広告です。メディアには、見た目を意識させるような広告があふれています。化粧品、薄毛治療、美容整形などの広告は、街中、電車の中、TVの中、そしてインターネット上にあふれており、否《いや》が応でも「見た目をよくしないといけない」という意識が喚起されます。また、インターネットの場合、一度外見について検索したり広告をクリックしたりすると、それを学習して同じような広告が優先的に表示されたりします。いわゆるフィルターバブルです。そのことによって、当人のまわりには外見に関する刺激があふれることになります。そして、インターネットであれば、インフルエンサーが美容に関する商品や話題を取り上げることもあり、それも、見ている人に影響を及ぼすものとなります。

そして、最後は見た目の扱われ方についてです。メディアの種類にもよりますが、見た目が話題にされる機会は多くあり、それが大きな影響を持ちます。外見やおしゃれについての企画・内容ではないにもかかわらず、登場人物の見た目について言及したり、褒めたり、場合によっては貶《おとし》めたりする場面を見たことはないでしょうか。たとえばスポーツ選手に対し「美しい女性〇〇」といったような外見についてのラベルを使うなどです。貶める扱いについては、社会問題にもなりました。

広告にも、見た目が良いと素晴らしい人生になる、もしくは、見た目が良くないと残念な人生のまま、といったメッセージが含まれていることがあります。このようなメッセージは大人を対象としたものが多く、必ずしも直接に子どもを対象としたものではありません。しかし子どもたちは、先ほど述べたような登場人物や広告や、そして見た目礼賛とでも言えるような見た目の扱われ方について目にしています。そのため、見た目が良くないと大切にされないと子どもが思うようになるのは自然なことといえるでしょう。

2. メディア視聴とメイクアップや体毛処理との関連

それでは、子どものメディア接触とおしゃれの関係について、データをもとに確認していきましょう。ここでは、メイクアップと体毛処理の経験がメディア接触と関連しているのかを具体的に見ていきます。

これまでのデータから、子どもがおしゃれをする際には、やはりメディアを参考にしていることが確認できます。大久保・斉藤による2012年の調査のデータからは、中学生女子の情報の入手先としては雑誌が最も多いこと（84・6％）[2]、また、株式会社ジェイ・エム・アール生活総合研究所が2013年におこなった調査のデータからは、女子小学生がなりたい・真似したい人として「テレビや映画に出てくるタレントや有名人」という回答が最も多いこと（43・2％）が確認できます。[3] また、ベネッセ教育総合研究所の2001年のデータの再分析をおこなってみたところ、[4] モデルやテレビに出ている人のような格好をしてみたいという回答をした女子は、服や髪型について気をつかう傾向があることが確認出来ます（クラメールのV＝0.279、p＜0.001）。

私が2024年におこなった調査Aでもメディアとの関係について検討していますので、それも見てみましょう。メイクアップについての情報をどこで得ているかを聞いてみたところ、図6-1のようになりました。一番多いのは「YouTube」で、183名です。なお、回答者は363名なので、半分程度の小学生がYouTubeでメイクアップの情報を得ているといえるでしょう。やはり、情報源として小学生でもインターネットを参照しているようです。その次は「家族」で124名と続いています。親はおそらくその多くが母親かと思われます。メディアに比べると数が少ないですが、メディアの方が手軽に（怒られずに?）気がねなく調べたり見たりができるからかもしれません。もしくは、メイクアップは流行のサイクルが早く、また、年代によって流行が異なるので、親の意見があまり参考にならないという事情もあるのかもしれません。

なお、「友人」や「SNS」を選択した子どもは、「家族」を選択した子どもよりも少ないという結果でした。これは調査Aが小学生を対象としているためかもしれません。一般的に、成長するに従い、友人との結びつきが強くなっていくことが知られています。もし、中学生や高校生を対象にした調査であれば、家族よりも友人を選択する人が増え

図6-1　メイクアップについての情報源

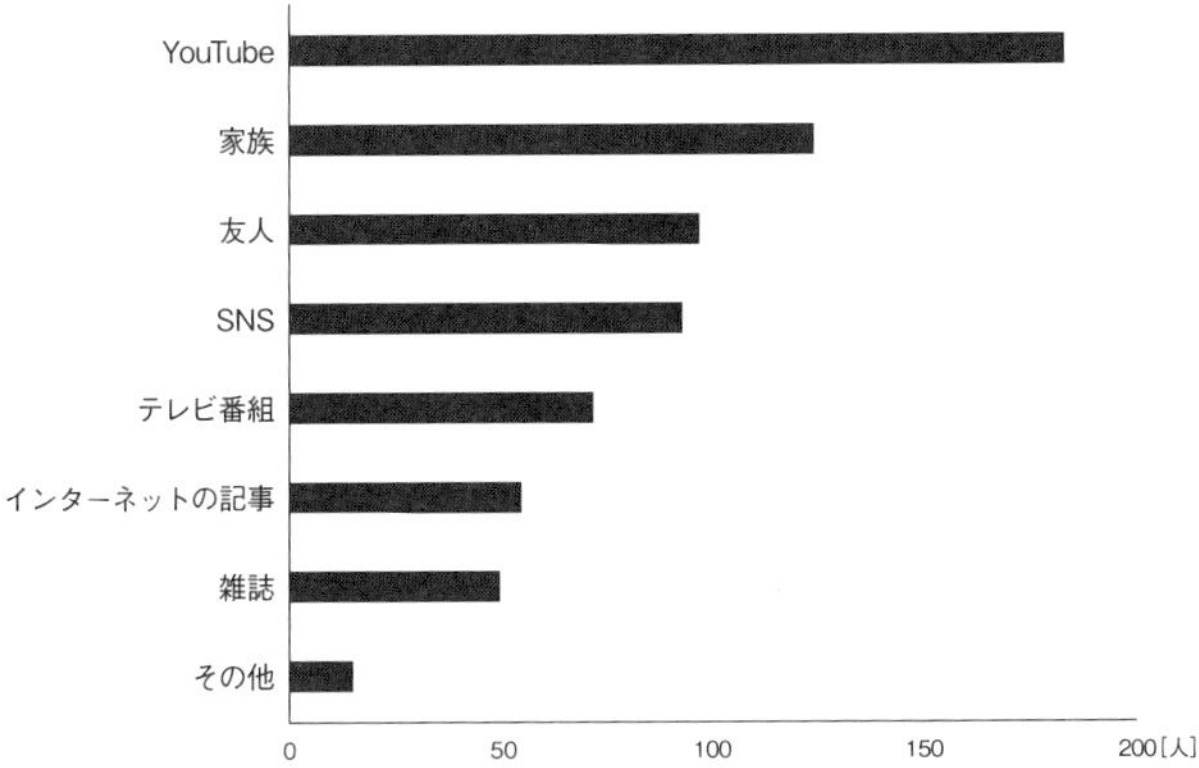

る可能性が高いと考えられます。また、SNSを選択した子どもが少なかったのは、小学生だとSNSを使わせてもらえなかったり、年齢による利用制限があったりするといったことが関係していると考えられます。これも、中学生や高校生になると、SNSを選択する子どもの割合が大きくなっていく可能性があります。

さて、次は、メディアの視聴の程度[5]とおしゃれへの意識や行動[6]との関連を見ていきたいと思います（図6-2）。これも同じく調査Aのデータによるものです。なお、この図ですが、横軸の値が大きいほど、メディア視聴の程度とおしゃれへの態度や行動に関連があると読み取ってください。

図 6-2　メディアの視聴の程度とおしゃれへの態度や行動との関連

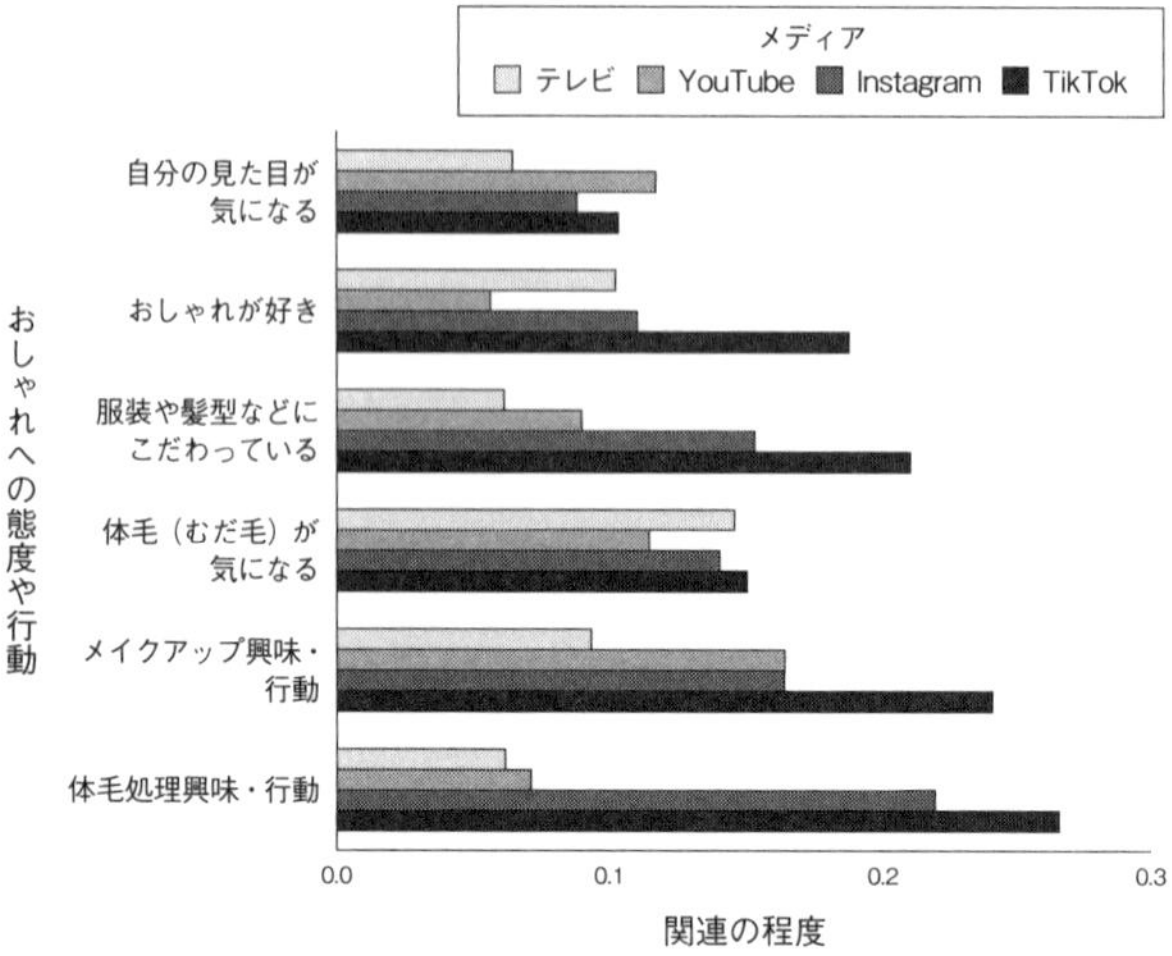

注：横軸はスピアマンの順序相関係数 ρ（ロー）です。値の大小の解釈は、60-61 頁を参照してください。たとえば、0.2 あれば弱い関連があると解釈します。

　これを見てみると、全体的にはTikTokを見ているほど、装いに興味を持っていたり、実際におこなったりしていることが確認できます。そして次にInstagramと続きます。もちろん、おしゃれに興味を持っているからSNSをより見るということもあるでしょうし、SNSを見ることによっておしゃれに興味を持つようになったという場合もあるでしょうし、どちらの方向の影響も考えられます。ただ、少なくともTikTokやInstagramを見ている子どもは、おしゃれに興味を持っていてこだわっていて、メイクアップをしたり体毛処理したりする傾向があることが確認できます。

ただ、小学生における Instagram と TikTok の視聴時間については、長い人がたくさんいるというわけではありませんでした。たとえば、Instagram と TikTok であれば「ほとんど・まったく見ない」がそれぞれ74・7％と56・2％で、半分を上回っていました。つまり、よく見る子どもは少数派でした。これらを考慮すると、Instagram や TikTok をより見ている一群は、少数派であると同時におしゃれに積極的という一群であると考えることができそうです。一部の子どもたちが突出しておしゃれにこだわり、SNSも利用しているのかもしれません。なお、子どもにおいてテレビの影響はほとんどなく、また、同じSNSでも種類によって影響の程度が異なることも確認できました。

ところで、情報元としては YouTube を挙げる者が多いのに、視聴時間としては Instagram と TikTok が関係しているというズレがあります。これはどのように解釈したらよいでしょうか。もしかすると、おしゃれの情報元として自覚して主体的に見ているのは YouTube であっても、実は外見への意識を喚起しておしゃれを促す影響があるのはInstagramとTikTokなのかもしれません。つまり、長時間接触しそこで人物や商品を長時間見ることが、無意識的におしゃれへの関心を喚起しおしゃれの行動に至らせている可能性があるということです。もちろん、この調査で扱っているのが視聴時間だけであり、内容や視聴目的も扱うことによって見えてくるものが変わってくる可能性もあります。このあたりは今後詳細な検討が必要だと考えられます。

ちなみに、「自分の見た目が気になる」という程度はどのSNS視聴とも関係が無いという結果でした。SNSよりも身近な他者の影響を受けるのかもしれません。もしくは、見た目を気にするというのは、積極的に身体を飾るという方向だけでなく、他人から変に思われないか気にするといったような消極的な社会適応の方向性、もしくは自分の見た目が気になって他人との交流を避けるといった対人的社会的な回避の方向性も含んでおり、見た目を気にするということが多様な意味合いを持っているためにこのような結果になった可能性もあります。

3. メディア視聴とダイエットとの関連

図6-3　痩せるための方法や自分の体型のことについて話す人や参考にするもの

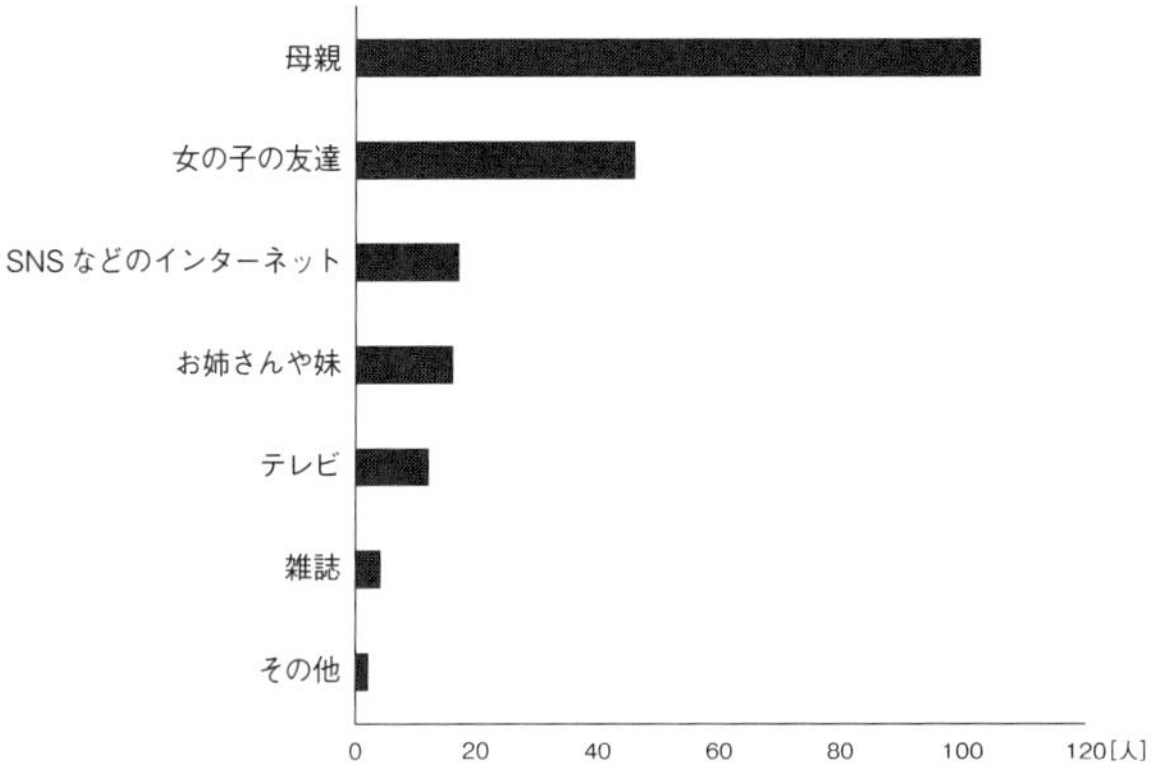

今度は、子どものメディア接触と体型への意識やダイエットとの関係について確認していきましょう。これについては海外で数多くの研究がおこなわれており、近年ではSNSの視聴が身体不満に影響を及ぼすことが示されています。では国内の状況はどうでしょうか。

私が2024年におこなった調査Bで、メディアとの関係を確認したので、それを見ていきましょう。痩せるための方法や、自分の体型について話す人や参考にするものなどを、いくつかの選択肢から複数選んでもらいました。その結果を図6-3にまとめてあります。ダントツで母親が多いことが確認できます。

全体で191名の回答者がいるのですが、103名が「母親」を選択しています。次が、「女の子の友達」で46名です。「SNSなどのインターネット」は17名しかおらず、1割以下です。

この結果は本章2節のメイクアップの結果とは異なるように思えますが、どのように考えることができるでしょうか。一つは、本章2節でも書いたように、メイクアップは流行のサイクルが短く、親だと参考にならない一方、ダイエットは基本的には方法に大きな変化はなく（たとえば、特定のものを食べないという方法はいろいろ出てきますが、何かを食べないという点では同じ）、流行のサイクルなどがあまり意識されにくいため、親も参考になる（!）という説が考えられます。[7]

もう一つは、痩せるために食事を制限する場合などは、親の目を逃れるのが難しいということが考えられます。子どもは、親が準備した物を一緒に食べることが多いです。特に小学生の場合はその傾向が強いでしょう。そうなると、一人での食事と異なり、食べ物を残したりするとそれが親に一目でわかってしまいます。一方、化粧などは隠れて友達とおこなうことも可能です（家に帰った時にどのようにごまかすかという問題はありま

図6-4　メディアの視聴の程度と体型への意識やダイエットとの関連

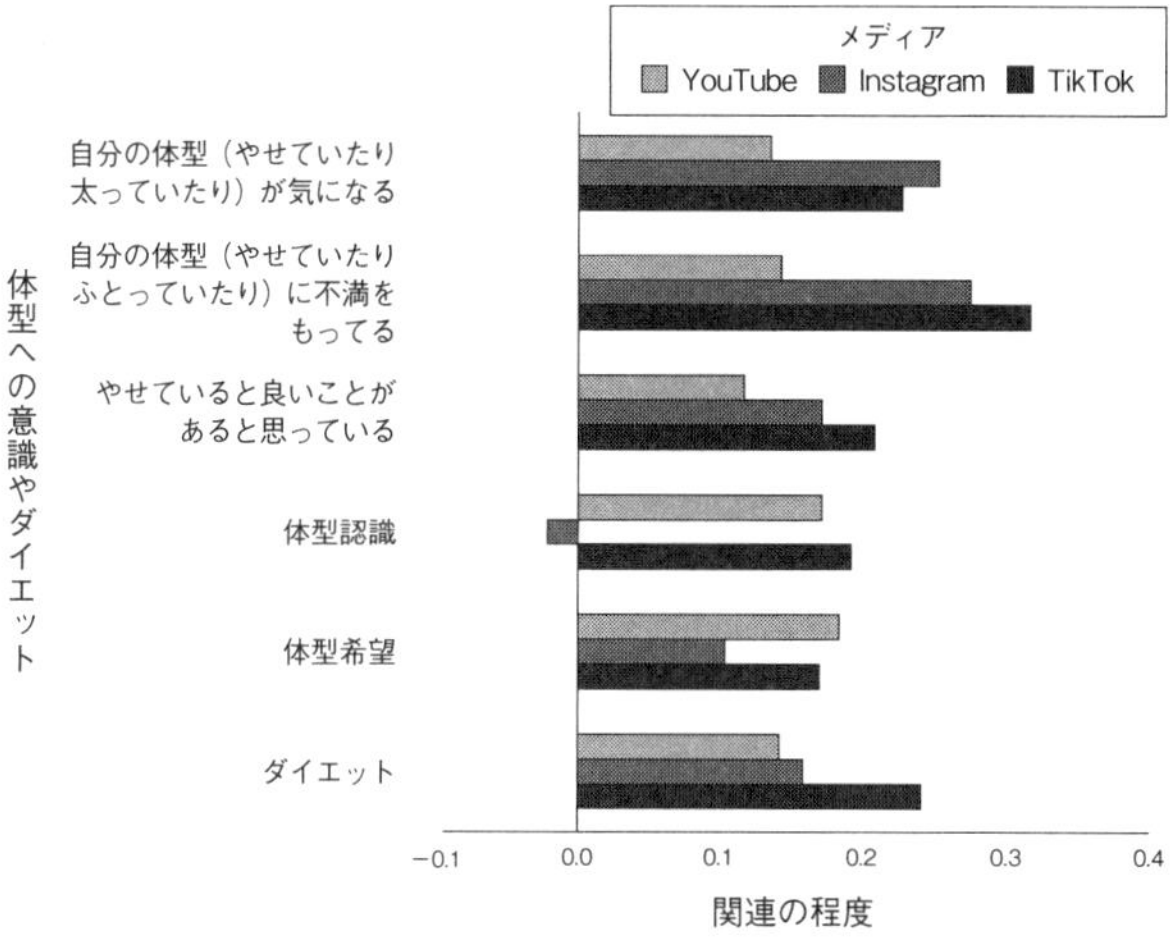

注：横軸はスピアマンの順序相関係数 ρ（ロー）です。値の大小の解釈は、60-61頁を参照してください。たとえば、0.2 あれば弱い関連があると解釈します。

すが）。この、隠れておこなうのが難しく、場合によってはアドバイスを受けたり、（ご飯をよそう量を減らすなどの）食べるものについてのお願いをしたりといったことがあるかないかが、参照する対象の違いとして現れてきた可能性があります。

さて、それではメディアの視聴の程度[8]と体型への意識やダイエット[9]との関連を見ていきたいと思います（図6-4）。全体的には、TikTokの視聴時間が関係していることが確認できます。これもメイクアップなどと同様に、ダイエットに興味を持っているからSNSをより見るということもあるでしょうし、SNSを見ることによって興味を持つようになったということもあるでしょう。ただ、少なくとも、SNSを見ている子どもは、自分の体型が気になったり、不満を持ったり、そして痩せると良いことがあると思って実際にダイエットをしていることが確認できます。小学生の時点で、メディア、特にSNS視聴の影響が大きい可能性が示されたといえるでしょう。話したりするのは親でありつつも、影響を及ぼすのはSNSの視聴のようです。

最近の小学生は、自分のスマートフォンやタブレットを持っていることがありますし、持っていなくとも親から借りて気になる単語を検索するということは可能です。そのため、メイクアップやダイエットに興味があれば、検索して調べて、関連する動画を目にするということもありえることでしょう。そのような環境では、子どもが外見にとらわれやすくなると考えられます。

4．メディアの登場人物の影響――「読モ」や「インフルエンサー」

いわゆる「読モ」や「インフルエンサー」と言われる人たちの影響についても触れておきたいと思います。これはメディアの影響に含めることができるでしょう。

同年代の子どもが、おしゃれに着飾って、雑誌やインターネットに登場しています（図6-5）。子どもにとって、憧れの対象といえるかもしれません。読モとショッピングモールで歩く企画などもおこなわれていました。そのようなイベントは、読モに憧れる子どもにとっては一大イベントだったと思われます。

子どもを対象としたファッション雑誌は1990年代後半から複数刊行され、今は刊行部数が減ってはいるものの、それなりに子どもが読モの姿を目にする状況にあります。

図6-5　子ども向けのファッション雑誌の一例

注：『ニコ☆プチ』（2024年6月号、新潮社）

また、インターネット上で化粧をしている動画を公開している子どももいて、それを目にする子どももいることでしょう（もちろん、自分より年齢が上の人の動画を見ることもあるでしょう）。媒体はともかく、同年代で少し身近に感じられる存在がおしゃれをしているのを見ることによって、おしゃれ意識が喚起されている可能性があります。

読モなどをまねること自体は悪いことではありません。憧れの人をまねて近づこうとするということは皆さんも経験があるのではないでしょうか。それが読モではなかったかもしれませんが、憧れてまねをするというのは同じだと思います。憧れる対象を理想の自己像に取り込み、現在の自己像をそれに近づける努力をするといったプロセスは、自分の姿、ひいては自分という存在をどのように考えてどのように扱っていくかという自己の拡張や変容といった試みとして大事なことでもあるのです。

5. メディア以外の影響——おもちゃ

メディアの話からは離れてしまいますが、SNSやテレビ以外にも、社会には子どものおしゃれを促進するようなものがあります。その一つにおもちゃが挙げられます。たとえば今は、おもちゃの化粧品が玩具店、そしてインターネットで手に入りやすい環境にあります。そのようなおもちゃの化粧品をほしがる子どもは少なくありません。これは、大人や社会が、おしゃれの楽しさ、そして、魅力的になることのメリットを発信しつづけているからにほかなりません。

そもそも、小さな子どもは、化粧などの自分におこなうおしゃれの前に、おもちゃによる遊びを通して見た目が変わる楽しさというのを経験しています。着せ替え人形は昔からありますし、今でも定番のおもちゃです。また、着せ替えの要素のあるゲームもあり、ショッピングモールで遊んでいる子どももいます。見た目を変えるということが楽しいことであり、それを遊びとして楽しむということが普通におこなわれているのです。おもちゃを通した変化の楽しみがあり、それとともに、自分自身のおしゃれによる変化を楽しんでいるのです。

このように、おしゃれへの興味や関心を喚起するような環境があり、さらに、子ども向けのアイテムや安価なアイテムを入手しやすい状況にあれば、子どもたちは「化粧をしてみたい」と思うでしょうし、実際に試してみることもあるでしょう。子どもが行くような場所に、すてきなアイテムが手に入れやすい価格で並んでいるのですから、欲しくもなるでしょう。そしてなによりも使ってみてその変化を楽しみたくなることでしょう。このような状況では、ただ単に子どもに化粧を禁止したりしてもうまくいかないと考えられます。

とはいえ、第5章で紹介したように、装い身体トラブルが生じる可能性もあります。周囲の大人が気をつけながら、ある程度の制限もおこないつつ、うまくおしゃれとつきあっていく必要があると考えられます。

本章のまとめ

- 社会には見た目についての意識を喚起するような刺激があふれている。
- メディアとの接触時間がおしゃれ意識に関係している可能性がある。
- ダイエットについて母親と話をしたりする人が多い。
- 読モやインフルエンサーなどの影響も無視できない。
- 誰かに憧れてまねるということも、成長のためには大事なことの一つである。
- 手に入りやすく安価なアイテムがあることが、おしゃれ意識を促進しうる。

〈注〉

1 Festinger, L. (1954). A Theory of Social Comparison Processes. *Human Relations*, 7 (2), 117–140.

2 大久保香梨・斉藤ふくみ「小中学生のおしゃれに関する研究 主におしゃれ障害に関して」(『茨城大学教育学部紀要 教育科学』、63、219-230頁、2014年)

3 株式会社ジェイ・エム・アール生活総合研究所「女子小学生の化粧意識と実態調査」(2013年) https://cdn.kyodonewsprwire.jp/prwfile/release/M102217/201309104486/_prw_PR1fl_SkMUyyHe.pdf

4 鈴木公啓「子どもと装い」(出口保行・藤後悦子・坪井寿子・日向野智子編『子どもを「まもる」心理学』、第4章、福村出版、2024年)

5 それぞれのメディアの視聴時間について、「ほとんど・まったくみない」「30分より少ない」「30分より多く1時間より少ない」「1時間より多く2時間より少ない」「2時間より多い」の選択肢で回答を求めました。

6 「自分の見た目が気になる」や「服装や髪型などにこだわっている」といった内容の5項目について、「あてはまらない」から「あてはまる」の4件法で回答を求めました。また、メイクアップの興味や行動と体毛処理の興味や行動については、「したことがないし興味もない」「興味があるけれどもしたことがない」「ある」の3件法で回答を求めました。

7 もしくは、SNSの場合は静止画であったり短時間の動画であったりと、痩せるための方法を知るのには参考にしにくい形式が多いこと、そして、メイクアップや脱毛はその行為が短時間で終わるのに対して、痩せるための行動は比較的長時間必要となることなどが関係しているのかもしれません。

8 質問の仕方は本章2節と同じです。注5を参照してください。

9 「自分の体型(痩せていたり太っていたり)が気になる」から「痩せると良いことがあると思っている」の態度についての3項目については、「あてはまらない」から「あてはまる」の4件法で回答を求めました。また、「自分の体型についてどう思っていますか」は「とても痩せている」から「とても太っている」の5件法、「どのような体型になりたいと思っていますか」は「太りたい」から「痩せたい」の5件法で回答を求めました。また、ダイエットは、「食べる量を減らしたりした」「運動したりした」「サプリメントやお茶を飲んだりした」のそれぞれの経験の有無をたずね、いずれかをおこなったことがある場合に「経験がある」と集計しました。

第7章　（母）親の影響

この章では、子どものおしゃれに対する「親の影響」について見ていきたいと思います。第6章で、ダイエットについては母親を参考にしている子どもが多いことを確認しましたが、おしゃれに限らずさまざまな側面で子どもは親の影響を受けています。子どもは親の考え方や行動を自分の中に意識的・無意識的に取り込みます。積極的にまねをすることもあれば、知らず知らずのうちにまねをしてしまっていることもあります。親と同じようなしゃべり方をしたり、しぐさをしたり、そして同じようなことを考えたりするようになることは、皆さんも経験があるのではないでしょうか。ここでは、データを見ながらおしゃれにおける親の影響について読み解いていきたいと思います。

なお、とくに母娘の関係において、親から子への影響は大きいといわれています。そのため、本書では母娘の関係を中心に見ていきたいと思います。女性の読者にとっては「あるある」かもしれませんし、男性の読者にとっては、もしかして驚きをもたらすかもしれません。

ところで、親以外の身近な人物からの影響もあります。たとえば、友人からの影響です。日々子どもは友人と接しています。友人との関係、そしてそこで生じているコミュニケーションは、親とのコミュニケーションとは異なりますし、異なった影響も生じさせます。そのあたりも少し見ていきたいと思います。

1．意図せずに親は影響をおよぼしている

冒頭でも触れましたが、子どもは親の影響を多分に受けて育ちます。親のしつけや教育といった明示的なものだけではなく、親の普段の振る舞い、言動、何を食べ、どこに行き、何を買っているか、といったことも子どもに影響を及ぼします。子どもに影響を与えようとしているわけでなくとも、親のおこなっていることを子どもは見て、それを自分の中に取り込んでいくのです。

それは子どもの側も別に積極的に意識して毎日取り込んでいこうとしているわけではありません。意識しないうちに、別に見ようとしているわけではなく本人も気づかない

うちに、取り込んでいくのです。ですから、親は影響を与えたつもりもなく、子どもも影響を受けたという意識がなくとも、影響は生じています。

また、影響という点では、「モデリング」というものもあります[1]。これは簡単にいうと、他者の行動を見てそれを自分もまねすることによって、自分のものとしていくことです。たとえば、親の話し方をまねしたり、箸の持ち方をまねしたり、ちょっとした親の振る舞いなどをまねして自分のなかに取り込んでいきます。もちろん、親に限らず、きょうだいのまね、友人のまね、そしてアイドル等のまねをしてモデリングしていくこともあります。下の子が上の子のまねをすることはよく見かけますし、友人のまねをして言葉を覚えることもあります（場合によってはあまり望ましくないこともありますが）。

そしておしゃれに関していえば、特に母親が日常的に発する外見への態度や装いへの態度、そして実際の装いの行動などが、娘に大きな影響を与えていきます。意図的なものもあれば、非意図的なものもあります。そして、モデリングによるものもあります。

2. おしゃれの参考にするのは主に母親

実際にどのくらい親の影響があるか確認する前に、子どもたちはどのくらい母親をおしゃれの参考にしているか、また、情報元としているかについて確認しておきたいと思います。第6章で確認したように、調査Aにおいて、メイクアップについての情報を得ている対象は、「家族」が「YouTube」に続いて2番目に多いという結果でした。これは主に母親と想定されます。また、調査Bにおいて、痩せるための方法や体型のことについて話す人や参考にする物などについては、「母親」が一番多く（191名のうち103名が選択）、次の「女の子の友達」（46名）とは大きな差があるという結果でした。メイクアップか体型かといった内容によって異なってはいますが、少なくとも小学生においては母親を参考にする人が多いことが確認できます。メイクアップとダイエットでの結果の違いについては、6章で書いたこと以外にも理由が考えられます。たとえば、メイクアップや脱毛は母親に聞きにくいけれども痩せることについては母親に話しやすいといったことがあるかもしれません。

他の調査でも、参考とする対象として母親が挙げられていることが確認できます。たとえば、株式会社ジェイ・エム・アール生活総合研究所の調査[2]によると、年に1回以上スキンケアをする小学生女子がスキンケア情報を教わった相手は「お母さん」(97・3%)が圧倒的に多いことが示されています。ただ、これらの調査がおこなわれた2013年頃は、子どもがSNSなどを比較的手軽に利用する状況ではなかったので、母親が顕著に選択される結果になっているのかもしれません。現在であれば、SNSが上位に来る可能性はあります。

3．子どものおしゃれはどのくらい許容されているか

親は子どものおしゃれをどの程度許容しているのか、そしてそれが子どものおしゃれにどのように影響しているのか、私が2018年に、3歳以上の未就学児から高校生の娘がいる母親を対象とした調査のデータから見ていきたいと思います。[3]

図7-1は、どのようなおしゃれをどの年齢段階で許容するかについての累積の値をまとめたものになります。中学生の時点でスキンケアの許容が5割を超え、高校生時点でメイクアップ、ネイル、アクセサリー、体毛処理(この調査では「体毛の脱毛・除毛」)

図7-1　子どものおしゃれに対する許容

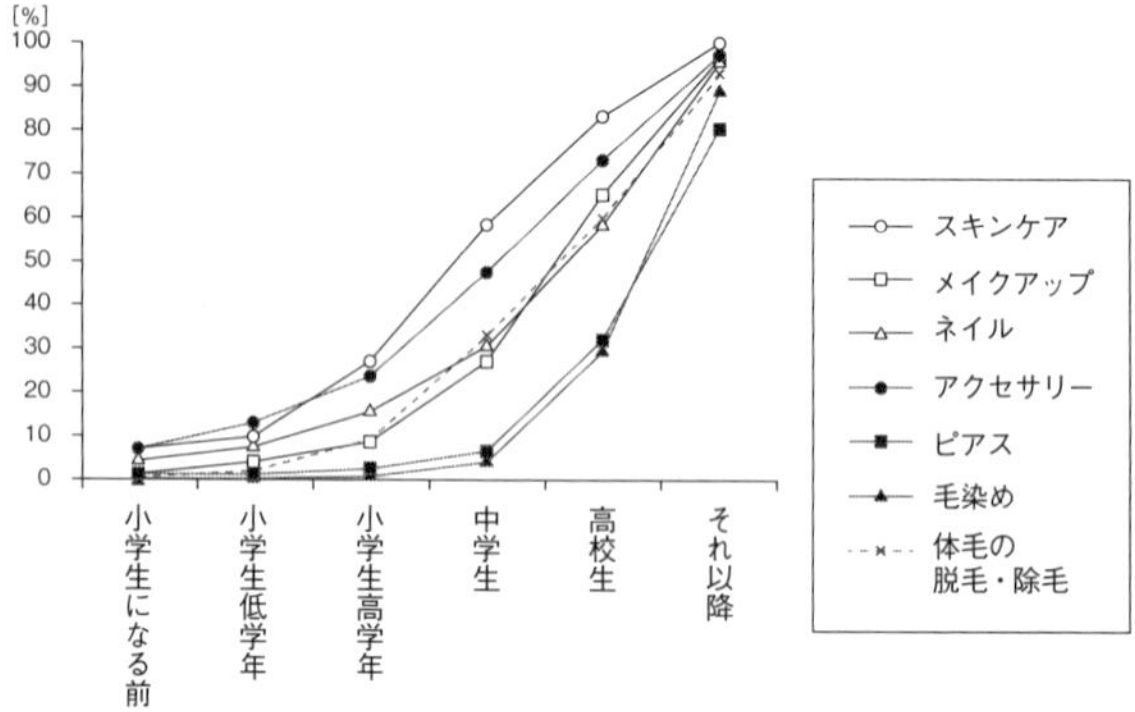

注：鈴木公啓「子どものおしゃれの低年齢化　未就学児から高校生におけるおしゃれの実態」（2018年）をもとに作成。

も５割を超えていることが確認できます。また、ピアスと毛染めについては、高校生の時点でも許容は３割程度ですが、それ以降では許容が８割を超えています。この結果についてみなさんはどのように感じるでしょうか。ご自身の場合と比べてどうでしょうか。

なお、２０２４年に私がおこなった調査Ａのデータにおける自分の子どもに対する体毛処理の許容の割合は、先ほどの２０１８年のものより増えていることが確認できます（図７－２）。「賛成」「どちらかというと賛成」「どちらかというと反対」「反対」の４件法で賛否についての回答を求めているのですが、「賛成」または「どちらかというと賛成」の割合は、小学生卒業までで51・2％、中学生で78・2％、高校生で90・1％となっています。[4] 回答方法などが異なっている影響もあるかもしれませんが、この数年間で体毛処理への許容度が大きく変化している可能性があります。

また、2018年の調査では扱わなかったダイエットの許容について、2024年の調査Bで扱ったので、それも見てみましょう（図7-3）。先ほどと同じ4件法で賛否の回答を求めていますが、「賛成」または「どちらかというと賛成」の割合は、小学生卒業までで10・9％、中学生で20・7％、高校生で39・4％となっています。[5] 体毛処理よりは賛成していないようです。

ともあれ基本的には、年齢または学年が上がるにしたがい、種類によって程度は異なるものの、許容されるようになっていくことが確認できます。そして高校生にもなればいろいろな種類の装いが許容されている一方で、ピアスと毛染めは高校卒業してからでないと許容されていないことがみてとれます。理由としては、ピアスと毛染めは他のおしゃれと異なり平日と休日など日々簡単に切り替えることができず、さらに、校則などで規制されていることが多いおしゃれであることが考えられます。この2つの装いは、

図 7-2　子どもに対する体毛処理の許容

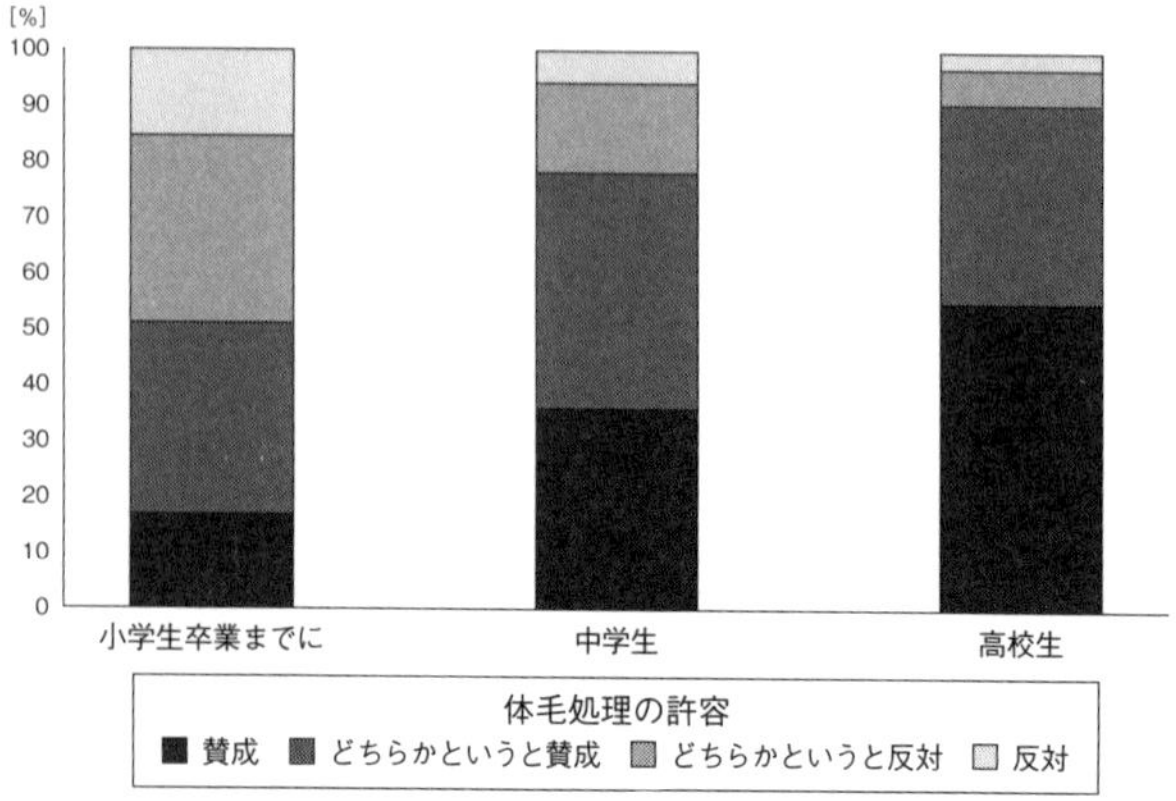

図 7-3　子どもに対するダイエットの許容

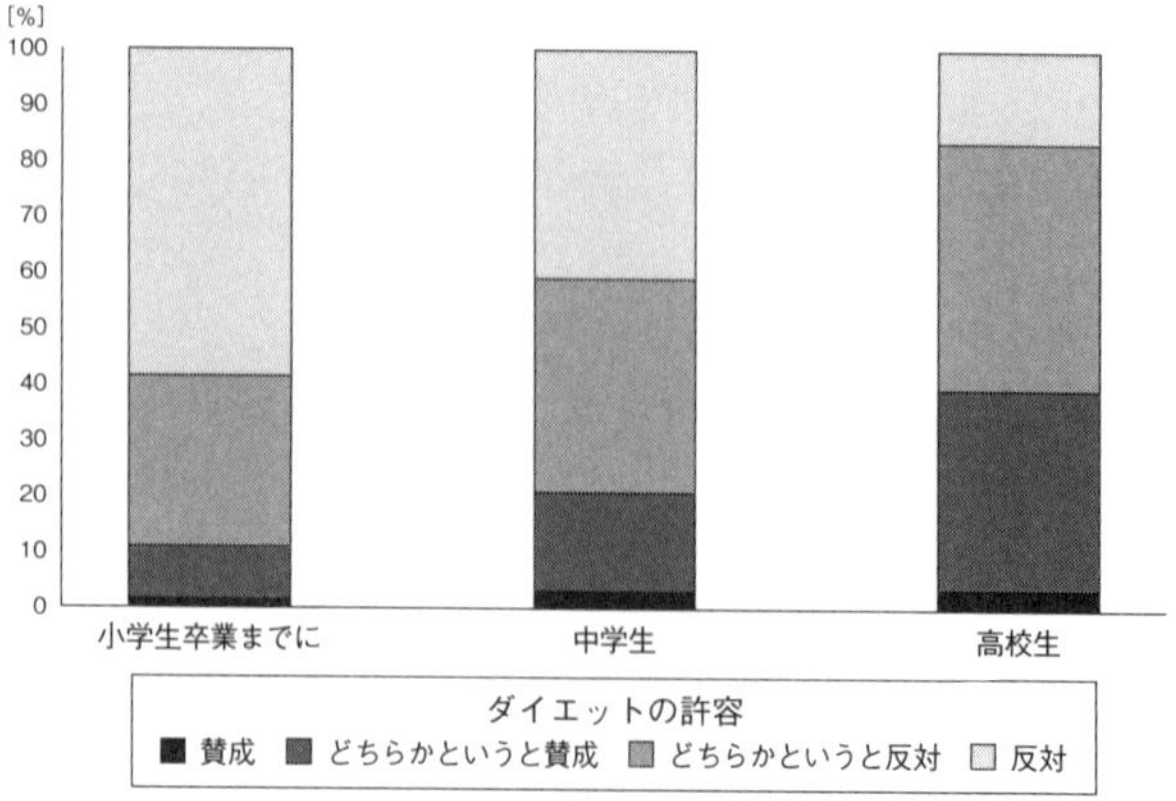

過去に社会でネガティブなイメージを持たれていたおしゃれであり、[6] そのことが、校則をはじめとし、許容されにくさに影響している可能性もあります。

この許容のデータと、実際の子どものおしゃれの経験、そして親自身のおしゃれ開始時期をまとめてみると面白いことが見えてきます。まず、すべてのおしゃれにおいて、許容開始時期よりも早い段階で、かつ、大きな割合で子どもがおしゃれを経験していることが示されています。そして、子どものおしゃれの経験と親によるおしゃれの許容開始時期には全体的には弱い関係があり（ピアソンの積率相関係数 $r = 0.22$ から $r = 0.33$、すべて $p < 0.001$）[7]、親がおしゃれを早く許容するほど子どもがそのおしゃれをおこなうという傾向があることが確認できます。つまり、おしゃれをおこなってよいと親が思うよりも、全体的に少し早めに子どもがおしゃれをする傾向、そして、許可する予定の時期が早いほど子どもが早くおしゃれをする傾向が少し認められるということです。まったく親の考えを無視するわけではないですが、ちょっと子どもの希望が優先しているという感じでしょうか。

おしゃれに限らず、親が考えているよりも子どもが早く何かをおこなうということはよくあることです。たとえば、スマートフォンを持たせるのは中学生になってからと思ってはいても、小学生の高学年になると、友達が持っているとか塾の帰りの連絡用とかで子どもの要望を受けてスマートフォンを持つことを許可したりすることもあるでしょう。そしてそれは、親が許可する予定の時期が早いほど、実際の許可の時期も早い傾向が多少はあるでしょう。なかなか子どもの要望を制限しきれずに認めてしまうという、子育てあるあるの一つとでもいえましょうか。おしゃれにおいても同様のようです。

さらに、おしゃれの許容開始時期と親自身のおしゃれ開始時期についてある程度の関連が確認されています（ピアソンの積率相関係数 $r=0.45$ から $r=0.56$、すべて $p<0.001$）。ここから言えることは、親がそのおしゃれを早く経験しているほど、おしゃれの許容開始時期が早い傾向があるということです。つまり、たとえば中学生の時にメイクアップをはじめている親は、高校生の時にメイクアップをはじめた親よりも、子どものメイクアップを早い時期から許容する傾向があるということです。

このことから、親本人が早くにおしゃれに興味を持っていておこなった経験がある場合は、子どもにも早くからのおしゃれを許容するようになり、そして子どもはさらにそこより一歩早めにおしゃれをおこなうようになる、という全体像がうかがえます。このことからも、おしゃれの「低年齢化」がおきているとみなせそうです。

4. 親との会話がもたらす影響

今度は、親との会話を通したやりとりと、実際のおしゃれ経験との関係を見ていきたいと思います。これも、私が2018年におこなった調査のデータによるものです。[8] 母娘のおしゃれに関するコミュニケーションについて、母親に「娘さんとおしゃれ（流行や道具や方法など）について会話をすることがある（以降、「コミュニケーション」）」と「娘さんにスキンケアやメイクアップ、ネイルなどおしゃれの方法を教えることがある（以降、「教育」）」という項目へ回答してもらいました。[9] また、実際のおしゃれ経験については、頻度を尋ねています。[10]

結果をみてみましょう（図7-4）。コミュニケーションも教育も、各おしゃれ（スキンケア、メイクアップ、ネイル、アクセサリー）の経験頻度と関連していることが示されています（$r=0.24 \sim 0.40$、$p<0.001$）。[11] つまり、母親がおしゃれについて子と会話をした

図7-4　母娘のおしゃれに関するコミュニケーション・教育と実際のおしゃれ経験の関連

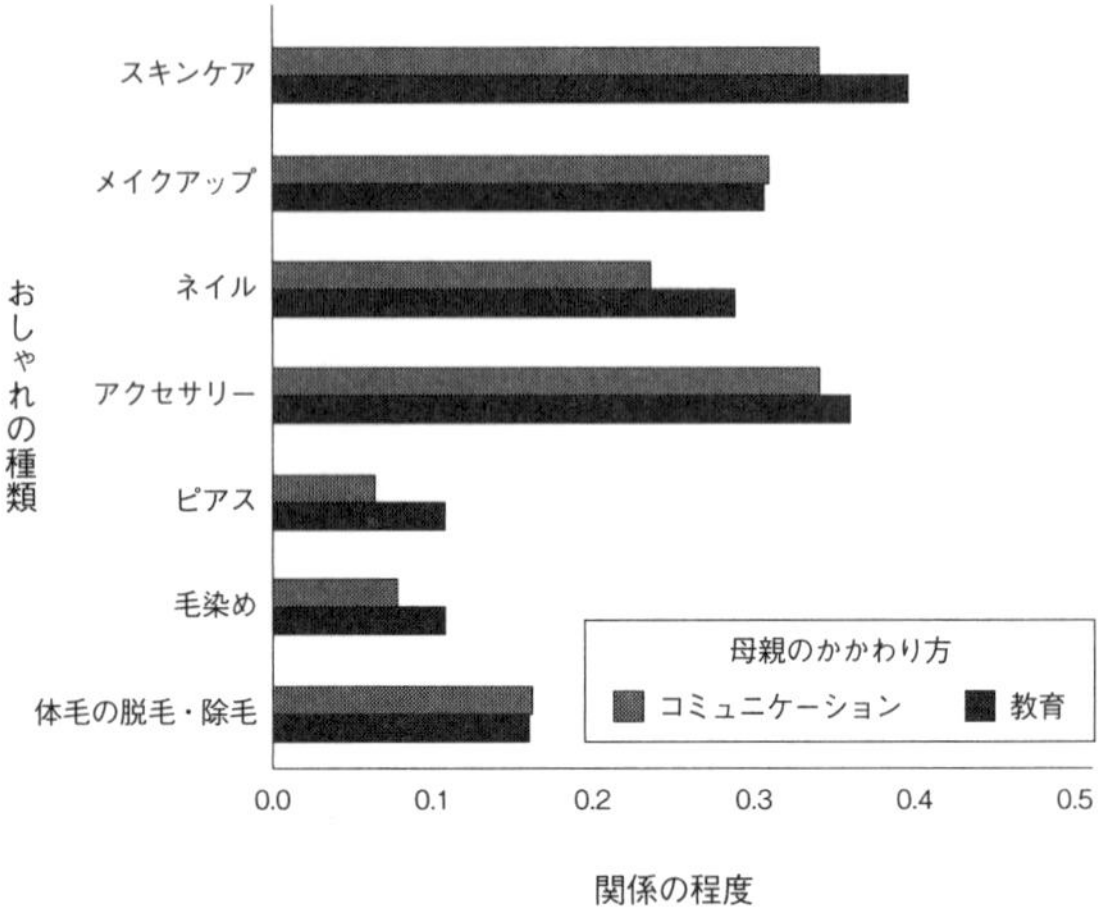

注：横軸はピアソンの相関係数rです。値の大小の解釈は、60-61頁を参照してください。たとえば、0.2あれば弱い関連があると解釈します。

りおしゃれの方法を教えるほど、実際にそのおしゃれを子どもがおこなっている傾向がある程度あるということです。話をするということは、母親側に子どものおしゃれへの興味があり積極的な関与がおこなわれていることが想定されます。コミュニケーションをとることで、おしゃれの情報が伝わるのみならず、母親のおしゃれに対する積極的な態度も伝わり、結果として、子どものおしゃれの経験が促進されている可能性が考えられます。

また、コミュニケーションといっても、親の側からの声かけがとくに影響していることも確認されています。まず、脱毛についてその影響を見ていきましょう。2024年の調査Aにおいて、「あなたの方からお子さんに体毛や体毛処理についての話をしたことがある」頻度[12]と、子ども自身の「体毛（むだ毛）が気になる」程度[13]との関連をみたところ、中程度の関連が確認されました（r＝0.42、p＜0.001）。つまり、親から声をかけることによって、体毛を気にするようになるケースがあることが考えられます。もちろん、親が声をかける前に子どもが気にしていて、それを見た親が声をかけるというケースもあるでしょう。どちらが先かはわかりませんが、少なくとも、母親の側からの声かけが子どもの認識に影響を持っている可能性はうかがえます。

また、母親側からの声掛けがダイエットに影響していることも確認できます。2001年のベネッセ教育総合研究所の調査データを再分析してみると、[14]親から「もっと痩せた方が良い」と言われるほど、子どもは今より痩せたいと考えていることが確認出来ます（女子はクラメールのV＝0.36、p＜0.001）。そして、それは子どものBMI（Body Mass Index：痩せ具合－太り具合の指標）の程度にかかわらず生じていました。さらに、女子

図7-5　親からもっと痩せたほうがよいと言われることと子どもの痩身願望（BMIが18未満の女子）

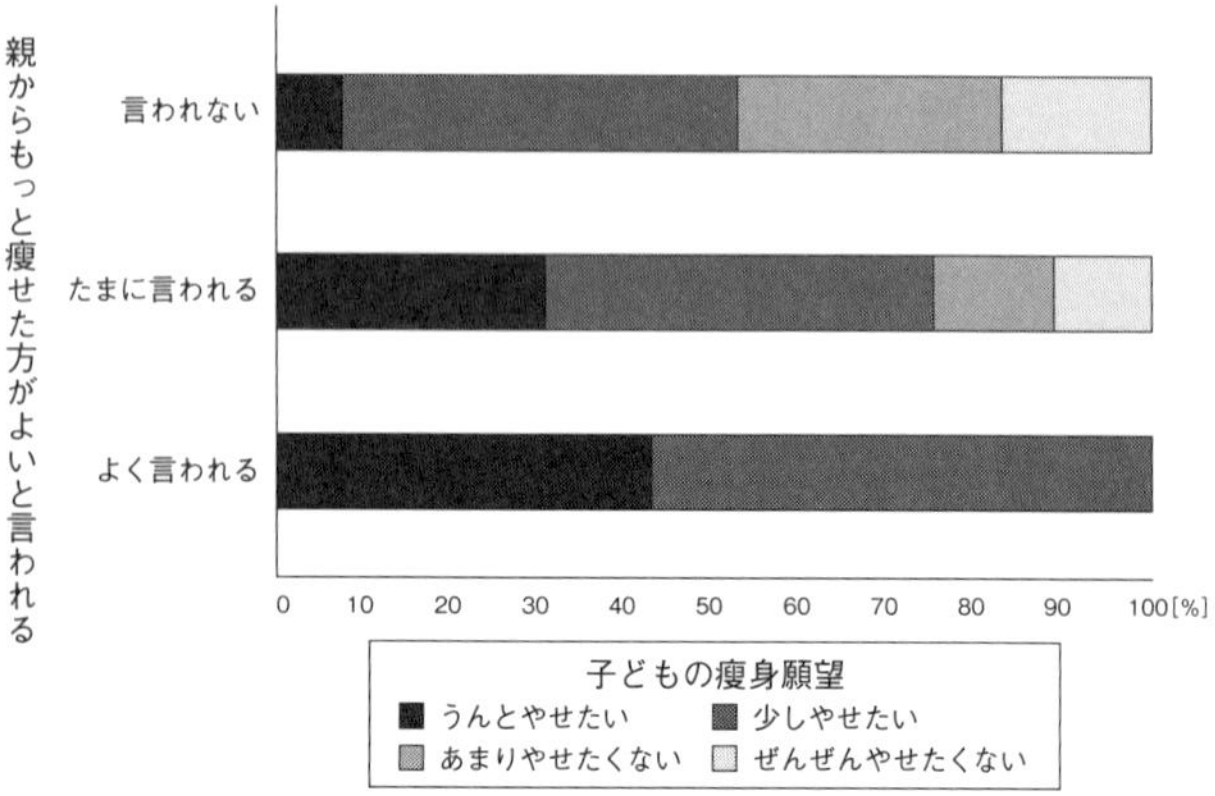

注：鈴木公啓「子どもと装い」（出口保行・藤後悦子・坪井寿子・日向野智子編『子どもを「まもる」心理学』、第4章、福村出版、2024年）をもとに作成。

において痩せた体型（ここではＢＭＩで18未満）であっても、親からもっと痩せた方が良いと言われているほど痩せたいと回答する子どもが多いことが確認できました（図7-5）。つまり、痩せる必要が無いのに、親の信念とでもいうものが娘の考えに影響し、痩せたいと考えるようになっていることが確認できるのです。これは由々しき問題ではないでしょうか。このような親の影響については、次節でもう少し詳しく説明していきます。

5．親からのプレッシャーが子どもに不満を抱かせる

親からのこういった「プレッシャー」は、直接的な表現によってのみ伝わるとは限りません。親の態度のさまざまなところからにじみ出て、子どもへと影響を及ぼしうるのです。たとえば、「服がきつくなってきたんじゃないの」とか、「○○ちゃんって痩せていてきれいだよね」などの声をかけることは、子どもに直接に痩せるように言わなくとも、痩せた方がよいというメッセージを伝えます。それは、子どもにとってのプレッシャーとなります。

そのプレッシャーの影響について検討した研究をみてみましょう。まずは脱毛についてみてみたいと思います。2024年の調査Aのデータからみていきましょう。母親の「お子さんの体毛の濃さや範囲が気になることがある」頻度は、「あなた（母親）が体毛処理するのをお子さんは見たり聞いたりすることがある」頻度[15]と同程度に、子ども自身の「体毛（むだ毛）が気になる」程度[16]と関連していることが確認されています（それぞれ $r=0.42$ と $r=0.34$、どちらも $p<0.001$）。つまり親の体毛処理について見たり話を聞いたりするのと同程度に、親が子どもの体毛を気にしているかどうかが、子どもの体毛へ

の意識に影響しているのです。なお、親が大人の女性、男性、そして子どもの体毛処理をあたりまえと考えているほど[17]、子どもはより自分の体毛を気にすることが確認されています（r＝0.19から0.22、p＝0.001から0.004）。やはり、親が子どもの体毛を気にしたり、体毛処理をあたりまえだと思ったりしていることが明示的・非明示的に子どもに伝わり、子ども自身が体毛を気にするようになっているようです。

ダイエットについてはどうでしょうか。私がおこなった2019年の調査においても、未就学児から中学生まで同様に、母親の娘に対する痩身の圧力（娘が太っていると思っていたり、娘に痩せた方がよいと言うことなど）が娘自身の身体への不満に影響し、そしてそれがダイエットに影響していることが示されています[18]。そして、母親の娘に対する痩身の圧力の方が、母親自身のダイエットよりも影響力が大きいことが示されています。つまり、モデリングよりも、明示的・非明示的なプレッシャーによって、子どもは自分の身体に不満を持つようになるようです。

しかも、驚くべきことに（？）娘のBMIは娘の身体への不満にほとんど影響していないことが確認されています。つまり、子どもの体型が実際に太っているかどうかではなく、親から子への一種の期待、願望、非難などが、子どもの体型の意識に影響を及ぼしていることが示唆されているのです。本章第3節では、痩せている子どもでも親からの声かけがあると子どもは痩せたいと思うという知見も紹介しました。これらの結果からは、子どもが本来不要な体型への不満を子どもが抱き、ひいては自分自身への不満を抱くことの背景には、親の態度や行動が存在しているということがうかがえます。

このことは、2024年におこなった調査Bによっても確認できます。この調査においても、母親から娘へのプレッシャーは、子ども自身の体型への不満や痩せたいという気持ちに関連していることが確認されました。そしてその結びつきは、実際の体型と関係なく確認されました。もし、子どもの体型が健康を損なう可能性があるくらい太っており、そのために親が「自分の子どもは痩せた方がよい」と思うのであれば、それは普通のことといえます。しかし、どうやらそうではないようです。むしろ母親のプレッシャーの影響が大きいのです。

6. 母娘の強固な結びつき

それではなぜ、母親から娘へのプレッシャーが大きな影響を及ぼすのでしょうか。ここには、根深い問題があるように思われます。そしてそれは、子どもが低年齢であるほど顕著と考えられます。

これまでの調査により、実は母親自身の体型への不満が大きいほど、娘へのプレッシャーが大きいことが確認されています。そしてそれは、娘の体型に関係なく確認できます。つまり、母親が自身の体型に不満を持っていると、娘の実際の体型に関係なく、まるで自分を投影しているかのように、娘に痩せた体型を求めて、痩せるようにプレッシャーをかけているということが読み取れるのです。そして、プレッシャーをかけられた子どもは、痩せる必要がなくても自分の体型を良くないと認識し、そして痩せようとするのです。もちろん、すべての母娘にそのようなプロセスがあるとは限りませんが、少なくとも全体としてはこのようなプロセスが存在するようです。

母娘の関係性は他の親子関係に比べると特殊と言われることがありますが、おしゃれにおいても、どうやら母娘の強固な結びつきがあって、それがよくない方向にも影響していることがうかがえます。それは、親の同一視による巻き込みとでもいえるかもしれません。たとえば、子どもに美容整形をうけさせる、子どもに染髪をさせるなどといったことにあらわれたりします。

しかしそのような場合、子どももそのおしゃれに興味を持っているように見えることがあり、それが事態を複雑にしています。というのも、子どもの場合はどこまでが本当に子ども自身の考えなのかわかりにくいという問題があるからです。たとえば、親が自分の体型を気にしてダイエットをしている場合、もしくは、痩せている人のことを褒めるような言動をした場合、子どもに特段明言して痩身体型であることを求めたりダイエットを勧めたりしていないとしても、子どもは、痩せた体型がよいものであるという考えを内在化し、結果として体型に不満を持ち、ダイエットをするようになる場合があります[19]。

ダイエットに限らず、このような場合、子ども自身も周りもどこまでが子ども自身の考えなのか判別することは難しいです。子どもは、自分の考えだと思っていても、親の考えを取り込んでしまってそのように思ってしまっているということもありえるからです。そして、子どもが後になってから、自分の考えではなかった、自分はそれをすることが嫌だったと気づくこともありえます。

だからこそ、親をはじめ、周囲の人々は、子どもが過剰に外見を気にしてしまうような発言を子どもに対して安易におこなわないようにし、また、自分の行動に巻き込まないように気をつける必要があります。そのためにまずは、自分の考えを子どもに無意識的におしつけているかも、と思ってみることが重要だと考えられます。もちろん、直接的に巻き込むのは大問題です。子どもにダイエットを一緒にしようとさそったり、残った染髪剤を子どもにつかったり、美容整形をすることを促したりするのは基本的にはよくないと考えられます。子どもがもし素直にそれを受けいれたとしても、ほんとうに本人がそれを心からやりたいと思っているとは限らないのです。そしてそれは誰にもほんとうのところは分からないのです。だからこそ、気をつける必要があるのです。

7. 友人のおよぼす影響

ここまで母親の影響を見てきましたが、友人の影響も少し見ておきましょう。成人だけでなく子どもにおいても、おしゃれは友人の影響を受けていることが確認できます。

私が2018年におこなった調査データの再分析をしてみたところ、[20]「友人とおしゃれについて情報交換している」という質問に対して「ややあてはまる」または「とてもあてはまる」と回答したのは43・4％であり、約4割の子どもが友人とおしゃれに関する情報交換をしている傾向にあることが確認できます。またその傾向が強いほど、おしゃれ[21]を実際におこなっている傾向が少しではありますが確認されています（ピアソンの積率相関係数は $r=0.15$ から $r=0.36$。すべて $p<0.001$）。

さらに、私が2024年におこなった調査Aのデータからは、メイクアップの情報源は家族に次いで多いのが友人であることが示されていますし（第6章の図6-1参照）、また、調査Bのデータからは、ダイエットについても、母親に次いで多い情報元が「女の子の友達」であることも示されています（第6章の図6-3参照）。一方で、大久保・斉藤による中学生を対象とした調査[22]では、各種のおしゃれについて教わっている相手として最も多いのは「同じ年の友人」であり（53・1％）、母親（36・1％）よりも友人の影響は大きいことが確認出来ます。これはどういうことでしょうか。

これは、対象とした年齢層の違い、そして、発達の影響が考えられます。おしゃれにかぎらず、発達の段階によって他者との関係性は変化していくことが知られています。中学生になるころには、友人関係の影響が大きくなっていきます。そしておしゃれについても同様に、中学生になると友人の影響が大きくなっていると考えられます。そのため、大久保・斉藤においては友人が一番多いという結果になったのでしょう。

それは健全な発達のあらわれといえます。むしろ、中学生や高校生になっても親の影響が大きすぎる場合は、何かしらゆがみを生じさせてしまう可能性もあります。友人関係の広がりの中で、コミュニケーションをとりながら、周りに合わせたり個性を発揮したりしておしゃれを楽しみ、友人との関係性も含めて楽しんでいくのは、その時期において必要な発達におけるプロセスの一つと考えられます。

本章のまとめ

- 母親をおしゃれの参考とする子どもが多い。
- 親による子どものおしゃれに対する許容時期の早さは、子どものおしゃれの経験時期の早さと関連している。

◦親からのおしゃれについての声かけが、子どものおしゃれへの態度に影響を与えている可能性がある。

◦母親から娘への明示的・非明示的なプレッシャーの影響は大きく、そこには母娘の強固な結びつきが背景に存在している可能性がある。

◦他の側面と同様に、おしゃれにおいても発達段階で影響の大きい相手は異なり、成長とともに親からの影響より友人の影響が強くなっていく。


〈注〉
1 Bandura, A. (1971). *Psychological Modelling: Conflicting Theories*. Aldine-Atherton Inc.
2 株式会社ジェイ・エム・アール生活総合研究所「女子小学生の化粧意識と実態調査」(２０１３年)
3 鈴木公啓「子どものおしゃれの低年齢化　未就学児から高校生におけるおしゃれの実態」(『慶應義塾大学日吉紀要　言語・文化・コミュニケーション』、50、53-69頁、２０１８年)
4 自分の子どもにではなく一般的にどうかということも聞いているのですが、傾向は似ていました。
5 これも体毛処理と同様に、一般的にどうかということも聞いているのですが、傾向は似ていました。
6 昭和50年代に不良がおこなっていた反抗のしるしの一つでした。
7 おしゃれの許容開始時期が早い方が得点が大きく、また、おしゃれの経験が早いほど得点が大きくなるように整理したうえで分析をおこなっています。なお、メイクアップのみ相関は認められませんでした（r＝0.11、p＝0.007）。

8 注3と同じ。

9 「まったくあてはまらない」から「とてもあてはまる」の4件法で回答を求めています。

10 「経験がない」「年に複数回」「月に複数回」「週に複数回」「ほぼ毎日」の5件法で回答を求めています。

11 ピアス、毛染め、体毛処理については、あまり関連していないことが示されていますが、そもそも経験割合が小さかったこと、そして親が許容していないことが多いために会話に上りにくいことなどがあるためにそのような結果になった可能性が考えられます。

12 「まったくない」から「頻繁にある」の4件法で回答を求めています。

13 「あてはまらない」から「あてはまる」の4件法で回答を求めています。

14 鈴木公啓「子どもと装い」（出口保行・藤後悦子・坪井寿子・日向野智子編『子どもを「まもる」心理学』、第4章、福村出版、２０２４年）なお、このデータは、東京大学社会科学研究所付属社会調査・データアーカイブ研究センターのＳＳＪＤＡにアーカイブされているベネッセ総合教育研究所による「モノグラフ小学生ナウ　子どものやせ願望　見た目を気にする子どもたち、２００１」のデータを承諾を得て使用したものです。

15 注12と同じ。

16 注13と同じ。

17 注9と同じ。

18 Suzuki, T. (2023). Mothers' Influence on the Body Dissatisfaction and Weight Loss Behaviors of their Preschool- to Junior-High-School-Level Daughters: The Case of Japan. *Japanese Psychological Research, 65* (3), 262-270.

19　これはダイエットに限らず、メイクアップによるおしゃれや、体毛処理など、他の装いでも同様です。たとえば、親がメイクアップをするのは楽しいと感じ、そして楽しそうにメイクアップをしているのを子どもが見るだけでも、子どもはメイクアップを楽しいものと思うでしょう。そして、自分もやってみたいと思って、実際にやってみるわけです。

20　鈴木公啓編著「装いの低年齢化」（鈴木公啓編『装いの心理学　整え飾るこころと行動』、第15章、北大路書房、２０２０年）

21　ここでは、スキンケア、メイクアップ、ネイル、アクセサリーによる装飾、ピアス毛染め、体毛処理を扱っています。

22　大久保香梨・斉藤ふくみ「小中学生のおしゃれに関する研究　主におしゃれ障害に関して」（『茨城大学教育学部紀要　教育科学』、63、２１９-２３０頁、２０１４年）

第8章　親が本当に困っていること

世の中で「おしゃれの低年齢化」という言葉が出てくる時は、非常に華美な化粧や服装に関する問題というものが付随しているように思われます。たとえば、小学生なのにおとな顔負けの派手な化粧をしたがったり、肌の露出がとても多い服を着たがったりして、それに対して親が困っている、というような内容です。

街中やＳＮＳを見渡してみると、確かに、一般的なおしゃれよりも華美といえそうなおしゃれをしている子どもの姿も見かけないわけではありません。とはいえ、全体的な実情としてはどうなのでしょうか。本当にそれほど多くの子どもがとても華美なおしゃれをしていて、親はそれに困っているのでしょうか。ここもやはり、データにもとづいてみていきましょう。

1．大人は何を華美なおしゃれと思っているのか

子どものおしゃれに対して、大人は悩んだり困ったりすること（以降、「困り事」）があるようです。「はじめに」でも書いたように、これまでは、子どもの装いに対して「華美であること」が問題としてとりあげられることが多く、[1]メディアでもそのような観点で取り上げられたりしています。そのために、「子どものおしゃれの低年齢化」というテーマが人々の関心を一層集めるのかもしれません。

それではまずはじめに、子どもがおしゃれをすることについて大人はどう考えているのか、見ていきましょう。２０１８年に成人男女約２４００人を対象とした調査をおこない、[2・3]子どものおしゃれに対する考え方について、いくつかたずねてみました。

ここでは、子どものおしゃれについての「（種類や程度が）それなりであればかまわない」という質問項目に対する回答をみていきたいと思います。なお、「あてはまらない」から「あてはまる」の4件法で回答してもらいました。「どちらかというとあてはまる」および「あてはまる」と回答した人は66・9％であり、条件付きながら許容している人が半数を超えることが確認されました。一方、「見苦しい・下品」に対しては38・2％

であることが確認できました。つまり、子どものおしゃれを許容する傾向がある程度はあるものの、ネガティブに捉えている大人もそれなりにいるということです。ちなみに、男性の方が女性よりも、また、年配者の方が若い世代よりも、非許容的であることが確認されています。

今度は、具体的なそれぞれのおしゃれの種類ごとに、どの年代でどのくらい許容するかを見ていきましょう。第7章のデータを再度確認してみたいと思います。第7章3節の図7-1をもう一度見てください。小学生の場合、全体的に大人はあまりおしゃれを許容していないことが確認できます。たとえばメイクアップの場合、小学生のうちにおこなってもよいと思っている大人（女性）は1割もいません。

このように大人が必ずしも全面的に許容しているわけではない現状において、メイクアップをしている小学生を見かけた場合に、「華美なおしゃれ」とネガティブに判断している可能性があります。つまり、大人が子どもに抱く「子どもらしさ」の期待を裏切っている場合に、大人が問題だと見なしているということが考えられます。そして、問題だと見なすからこそ、困っていると感じることにもなるのでしょう。

2. 大人が特に困っているのは「華美」なおしゃれではない

子どもの装いに関する困り事は、特に華美なおしゃれについてだけなのでしょうか。実際には、それ以外の困り事が存在し、むしろそちらの方がより大多数にとって困り事であるということはないのでしょうか。前提を間違っていては、その後の議論が明後日《あさって》の方にいってしまう可能性があります。そこで、実際に親が子どものどのような装いについて困っているのか、そしてどのように対応をおこなっているのか、母親を対象とした調査から確認してみたいと思います。

2021年に、未就学児から中学生の娘がいる成人女性30名を対象に調査をおこない、娘の装いについての困り事の始まった時期、内容、対応方法、そして現在の状況について、それぞれ自由に回答してもらいました。[4]

まず、困り事が始まった時期について見てみると、未就学児の頃という回答が約半数を占め、早い段階から生じていることが確認されました。次に、困り事の内容について書かれた内容を整理してみると表8-1のように分類できました。一番多かったのは、

表8-1　装いによる困り事の内容の分類

カテゴリ	内容
こだわり	特定の種類または同じ服を着たがる、親の準備した服を着ない、自分の気に入った髪型しかしない、服を何度も着替える、など
華美	化粧やネイルをする／したがる、アクセサリーをつける、髪を染める、など
無頓着	服にこだわらない、女の子らしい服装をしない、適当な格好で出かける、など
その他	いずれにもあてはまらないもの

「こだわり」で43・3％でした。半分弱といったところでしょうか。そして、次が「華美」で33・3％と続きます。こちらは3分の1です。どうやら、華美なおしゃれが一番の困り事ではないようです。むしろ、困っているのは「こだわり」のようです。具体的には、「自分の気に入った髪型しかしない」「服を何度も着替える」などの内容でした。なお、「無頓着」に困っている割合は16・7％でした。

この結果は、成人女性30名から得られた記述内容の分類であり、サンプルサイズ（対象とした人数）が小さいという限界があります。そのため、偏りがある可能性はあります。また、分類についても、恣意的ではないかという指摘をする人もいるかもしれません。そこで、もう少し多くの人を対象として、この傾向が再度確認されるのか改めて検討してみることにしました。

3．主に困っているのは「こだわり」

２０２１年に、未就学児から中学生の女の子がいる成人女性５０１名を対象に調査をおこない、娘の装いの困り事について、９つの選択肢からいくつでもあてはまるものを選択するように求めました。[5] なお、この選択肢は、本章2節で紹介した調査で回答者から得られた記述をもとに整理して作成しています。

困り事の選択数をまとめたものが図8-1です。多い内容から順に、「同じ服ばかり着たがる」が31・4％、「親の選んだ服を着なかったり文句を言ったりする」が29・8％と続きます。これらは、先の「こだわり」に該当すると考えられる内容です。ちなみに、「華美」に含まれる内容でもっとも選択されたのは「髪を染めたりメイクをしたがる」で10％を切っています。つまり、「こだわり」という困り事の経験をしている人がやはり多く、「華美」での困り事を経験している人はそれよりは少ないということが確認で

図8-1　困り事の選択

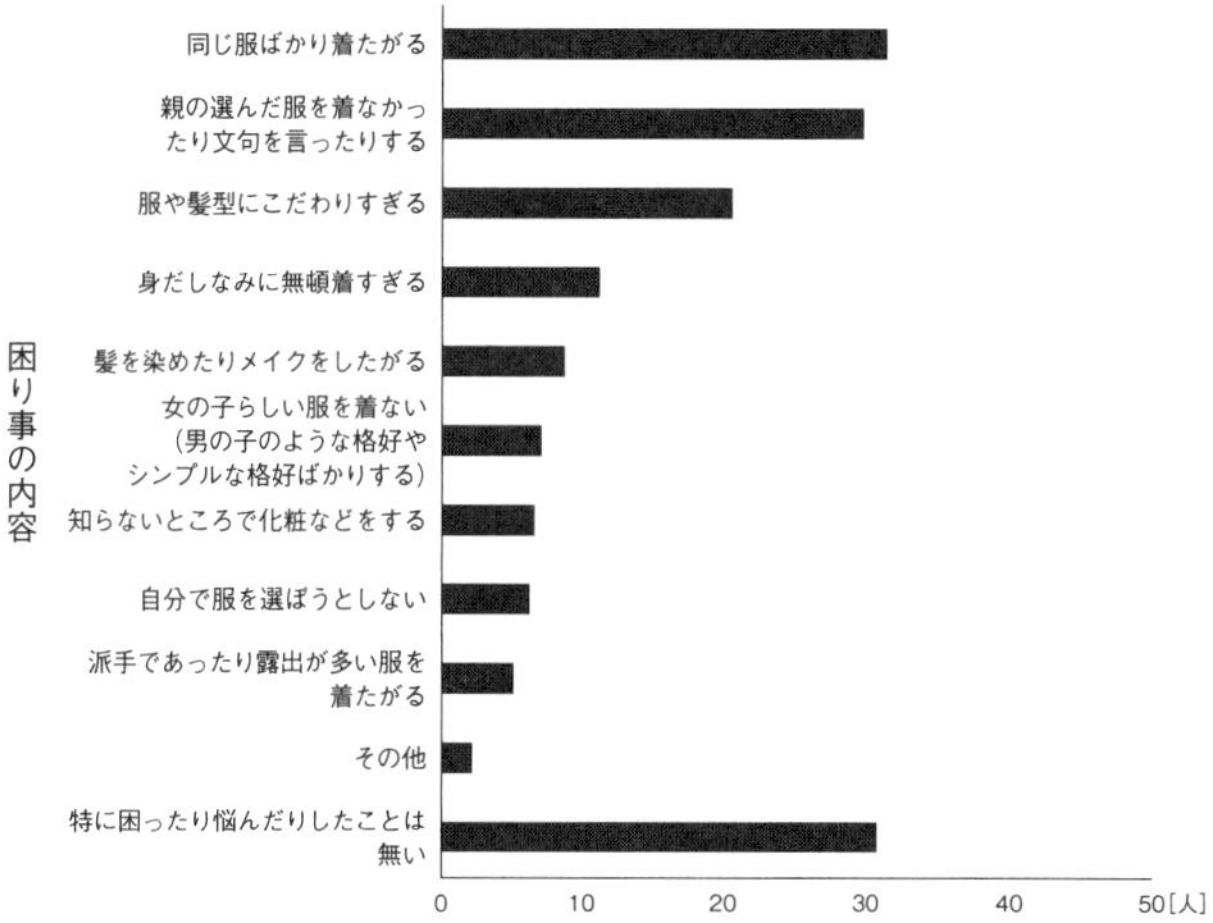

きます。しかも、「無頓着」に該当すると考えられる「身だしなみに無頓着すぎる」は11・2％で、「髪を染めたりメイクをしたがる」よりも困り事として選択される割合が大きいという結果でした。

どうやら、実態としては、「こだわり」という困り事が、親が最も経験しているものであるようです。確かに、未就学児は、雨が降っていなくても長靴で出かけたがったり、気に入っているパジャマで外に出ようとしたり、小学生だといつも同じ服を着たがったりなど、男子女子問わずさまざまなこだわりを見聞きすることがあります。子育てされている方にとっては、あるあるの一つではないでしょうか。

ところで、2節での分類が適切であったかについての確認はどうなったのかと思う人もいるかもしれません。今回得られた回答をもとに、クラスター分析という統計分析をおこなったところ、「こだわり」と「華美」と「無頓着」の内容が2節で想定していたとおりにまとまることが確認できてました。したがって、2節での分類は適切であったといえそうです。

4. なぜ華美だけが問題とされるのか

2節や3節で見たように、「こだわり」という困り事が親の経験としては最も多いのに、なぜ「華美」だけが話題になるのでしょうか。一つには、経験の割合はともかく、親や社会が「華美」を問題として強く認識しているという可能性が考えられます。「こだわり」という困り事は、同じものを着たがったりしても、清潔にさえしていれば、あまり他者に迷惑をかけることはないですし、周りからネガティブに見られることも少ないと思われます。むしろ、経験している親が多いからこそ、お互いに「あるある」として許容される部分もあるのではないでしょうか。親からすれば困っていることであっても、世間ではあまり問題とされていないこと、と言うことができるかもしれません。

一方「華美」については、現代の社会において問題であると認識されやすい、つまり、子どもが髪を染めたりメイクアップをしたがったり、または露出が多い服を着たがるのは、従来の子ども観に照らし合わせると不適切であり、そのため社会からネガティブに見られやすいということが関係しているのではと考えられます。さらに、実際には親が困るほどの華美なおしゃれをしている子どもは少ないため、華美なおしゃれが目立ってしまうということもあるかと思われます。なによりも、子どもの華美なおしゃれは、テーマ的にインパクトがあることもあってメディアで取り上げられやすくそしてセンセーショナルに扱われてしまうこともあって、人々の目にとまりやすく、結果として多くの人が「問題になっているんだ」と思ってしまっているのかもしれません。そして、今まで以上に自分の子どものおしゃれに目がいきいろいろと気になってくるのかもしれません。

ともあれ、子どものおしゃれの実態や困り事と、世間の認識がズレてしまっている可能性が考えられます。[6] そして、センセーショナルに取り上げる側の問題というのもあるように思われます。

5. 子どもの年齢と困り事

前節で、子どものおしゃれの困り事や問題は、実態よりも周囲の認識によって生じている可能性を述べましたが、ここではそれに関するであろうデータをご紹介したいと思います。3節で紹介した調査のデータの一部です。

3節の2021年の調査のデータを用いて、年齢層と困り事を組み合わせて検討してみました。一つ一つ見ていきたいと思います。[7] まず、こだわりについてまとめたのが図8-2です。年齢層による大きな違いは見られませんが、全体的には右肩下がりで、年齢が上であると、やや割合が小さいことが見てとれます。つまり、ある程度年齢が上がると、困っている親が少なくなるということです。次に、「華美」についてまとめたのが図8-3です。小学校低学年がピークですが全体的に右肩下がりになっています。[8] つまりこちらも、ある程度年齢が上がると困っている親が少なくなる、ということです。

そして「無頓着」についてまとめたのが図8-4です。これは、小学生の高学年まで

図 8-2　年齢層と「こだわり」

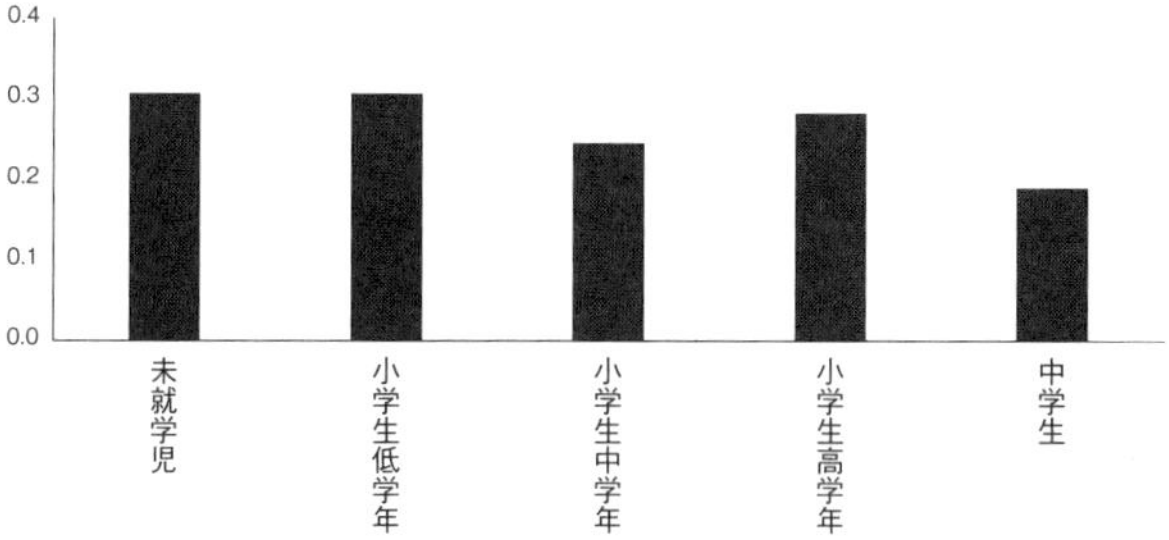

注：縦軸の値は、「こだわり」に関する項目への回答を集計して加工した数値です。値が大きいほど「こだわり」の困り事の経験がある人が多いことを意味します。

図 8-3　年齢層と「華美」

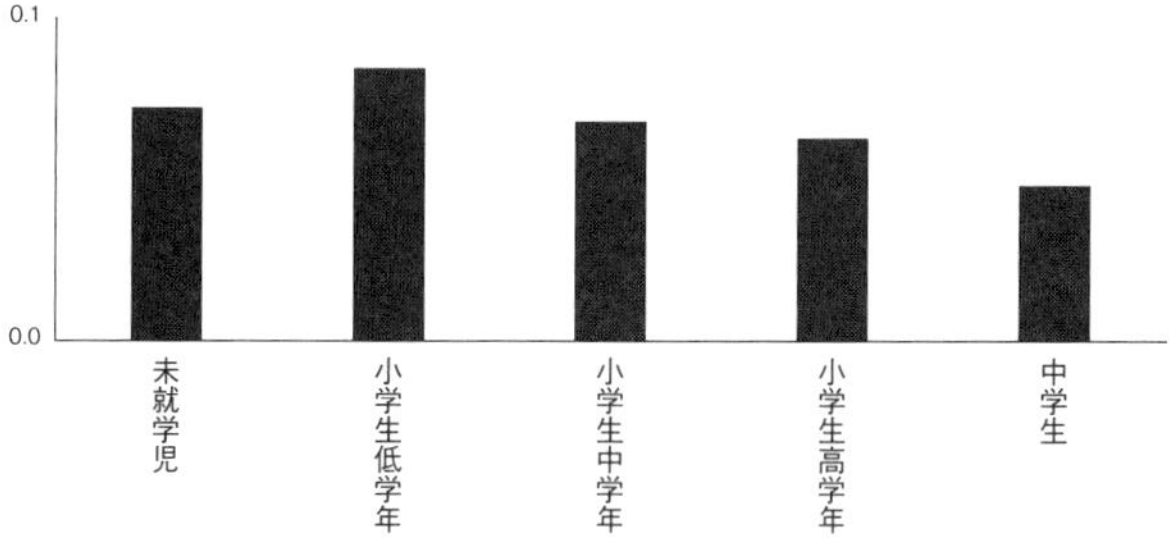

注：縦軸の値は、「華美」に関する項目への回答を集計して加工した数値です。値が大きいほど「華美」の困り事の経験がある人が多いことを意味します。

図 8-4　年齢層と「無頓着」

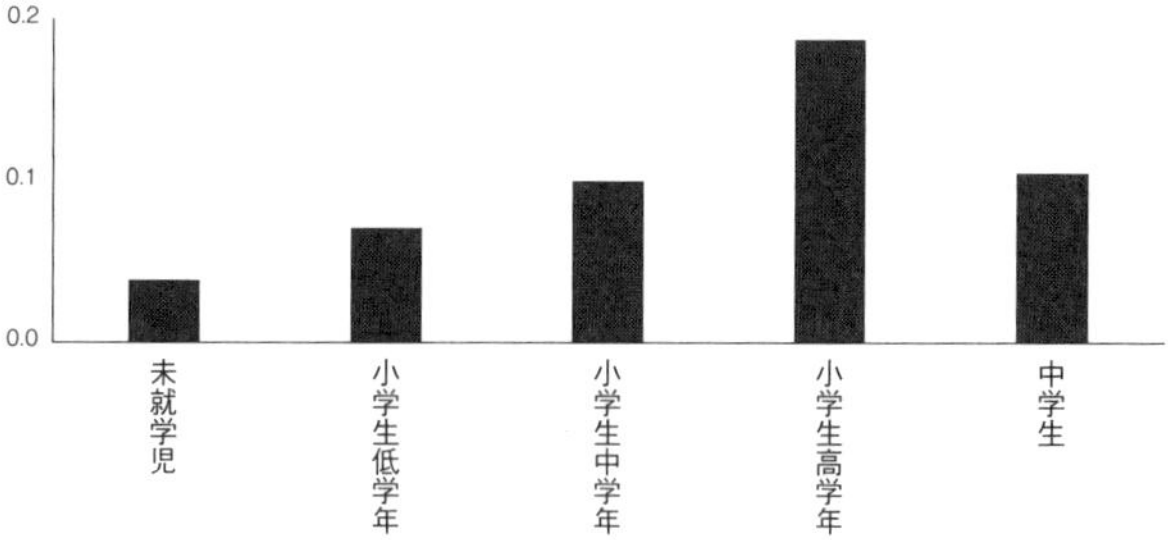

注：縦軸の値は、「無頓着」に関する項目への回答を集計して加工した数値です。値が大きいほど「無頓着」の困り事の経験がある人が多いことを意味します。

割合は大きくなり、中学生になると少し小さくなります。[9] つまり、少なくとも小学生の間は年齢が上であるほど「無頓着」で困る親は増えているようです。

6. 困り事は親の認識の側に

この結果からは何がいえるでしょうか。「こだわり」については、実際に子どものこだわりの行動が年齢とともに減っていくために親が困り事として認識しなくなった可能性があります。おしゃれに限らず、子どものそのようなこだわりは成長にともない落ち着いてくるのが一般的です。

興味深いのは「華美」と「無頓着」です。簡単にまとめると、年齢が上がると華美なおしゃれに困る親は減り、無頓着で困る親が増えるという結果でした。

まず、華美について考えてみましょう。子ども自身が年齢が上がるにしたがいおしゃれに興味や関心を持たなくなってきて、華美なおしゃれもしなくなってきたとは考えにくいです。そうではなく、子どもの年齢が上がるにしたがい、年齢が上がったことを理由に親が華美なおしゃれを（不承不承かもしれませんが）許容するようになり、困り事とはならなくなってきたということを表している可能性が考えられます。もしくは、子の華美なおしゃれをすることに対して親が諦めるようになったということも考えられるでしょう。

次は、無頓着について考えてみましょう。子どもが未就学児であったり年齢が低い時には、子がおしゃれに関心を持たないことに親は特に悩んではいなかったものの、成長するにしたがっておしゃれに関心を持たないという状態を心配するようになってきたことが推察されます。「もう少し女の子らしい服装をしてもいいのでは」と思うようになってくるとでもいえましょうか。

これらのことからは、年齢によって親の認識は変化することがうかがえます。同じ華美なおしゃれであっても、低年齢であれば困り、年齢が上になるとあまり困らなくなる一方で、無頓着については、低年齢であれば親は気にしないが、年齢が上になるとさすがにどうかと思うようになるようです。子どもの側には大きな変化がなくても、親の側が困るようになったり困らないようになっている可能性がうかがえます。[10]

困り事は、親と子の「間」において生じるものではありますが、どうやら、むしろ親の側の事情で生じているようにも思われます。少なくとも、子どもの側にだけ要因があるわけではないといえるでしょう。子どもの状況そしてその変化に対して、親の側がどう捉えるかによって、それが困り事となるのです。

ここで少し違う角度から困り事のことを考えてみたいと思います。確かに親は困っているわけですが、困り事が生じるのは、子どもを見ている、子どもに向き合っているからこそ生じることといえます。極端な話、子どものおしゃれにまったく無関心であれば、子どもが華美であろうが無頓着であろうが、それは親の困り事にはなりません。ということは、困り事は、おしゃれ以外のことと同様に、親が子どもを育てて行く過程で子どもに向き合っているからこそ生じる課題といえるのではないでしょうか。大人は、自分は子どもに向き合っているんだな、と思ってもよいわけです。そうすると、少し気が楽になるかもしれません。子どもも、親からいろいろ言われてうっとうしく思っているかもしれませんが、親が見てくれているんだな、と思ってみるのもありなのではないでしょうか。

本章のまとめ

○子どもの「華美」なおしゃれで困っている親はそれほど多くない。
○子どもの装いの「こだわり」に対して困っている親が多い。
○子どもがおしゃれに「無頓着」で困っている親もいる。
○年齢とおしゃれの困り事は関係があり、それは子どもの側の行動の変化というよりも親の側の受け止め方の変化によるものの可能性がある。

〈注〉
1 石田かおり「児童・生徒の化粧実態とその問題点　化粧教育提案のための実態分析」(『駒沢女子大学研究紀要』、13、27-41頁、2006年)
2 子どもがいる人もそうでない人も対象としています。
3 鈴木公啓「大人における子どものおしゃれに対する態度」(『社会と調査』、23、52-65頁、2019年)
4 鈴木公啓「子どもの装いについての親の悩み　内容と対応と現状についての質的調査とインタビューからみえてくるもの」(『未来の保育と教育　東京未来大学保育・教育センター紀要』、9、59-68頁、2022年)
5 鈴木公啓「子どもの装いについての親の困り事　母娘に焦点をあてた検討」(『容装心理学研究』、2、14-18頁、2023年)
6 もちろん、少ないとはいえ華美なおしゃれによって困っている親がいることは事実ですし、その困り事について少数派だから問題として認識しないでよいというわけではありません。

7 なお、困っているかどうかをたずねており、その元となる行動があるかどうかはたずねていません。その点では、あくまでも親の困り事の認識について明らかにしたものとなります。そのため、そもそも行動が無くなったという場合もあれば、もしくは、あってもそれを問題と認識しなくなったという場合が含まれることにはなります。とはいえ、困っているという認識の変化から読み取れることは十分にあると考えられます。

8 小学生低学年で割合が大きくなっていますが、小学校に入学し新たに友人ができたり環境の変化も生じることによって、おしゃれに興味や関心を有し、そして、実際に華美なおしゃれをするようになるケースがあることが想定されます。また、親が環境変化における子どもの様子への注視の中で、おしゃれへも意識が向けられ、困り事と認識されやすくなっている可能性も考えられます。

9 中学生になると困り事とする人の割合が小さくなりますが、これは、環境が変わることによって子どもがおしゃれに興味を持つといったことも生じ、それによって母親は当初の心配がなくなってくる、ということが生じているのかもしれません。もしくは環境が変わって親が気にしなくなったというのもあるかもしれません。

10 おしゃれをするようになっているにもかかわらず親は気にしなくて困らなくなってきている、ということが起きている可能性などもあります。

第9章　大人は子どものおしゃれにどう向き合っていくか

これまで、子どものおしゃれの実態や、それによる身体のトラブルといった問題、そして子どものおしゃれに対するメディアや親や友人の影響などを見てきました。また、親がどのようなことに困っているかについても見てきました。これまで一般的にいわれてきたことが再確認されたり、または、実態はイメージと異なっているということが発見されたりと、子どものおしゃれについての知識と捉え方がアップデートされたかと思われます。

この章では、子どものおしゃれに対してどのように向き合っていくのがよいのか、つまり、子どものおしゃれをどのように見て（捉えて・理解して）、どのように社会や親が向き合い、そしてどのように関わっていくのがよいかということについて考えていきたいと思います。もちろん、唯一の完璧な対応方法があるわけではありません。また、すべてのケースで同じ対応がうまくいくというわけではありません。ただ、どのような対応が全体的に良さそうであるかを考えていくことはできるでしょう。それは、子どものおしゃれについて考えていく時の、何かしらの道しるべになると思われます。

1．困り事への対応は「教育」「折り合い」「諦観」「許容」のどれがよい？

前章で、おしゃれに関する困り事は、子ども自身の問題というよりも、親の側の認識による部分も大きいと説明しました。とはいってもやはり、どのような対応が良いのか気になる人もいるかもしれません。そこで、いくつか役に立ちそうな知見をご紹介したいと思います。

まずは、第8章の2節で紹介した2021年の調査のデータを見てみましょう。おしゃれに関する親から子への対応方法の内容で分類し、それぞれの困り事との関係を確認してみました。すると、「こだわり」については、「折り合い」（53・8％）が、「華美」には「教育」（60・0％）が対応として多く選択されていました。「折り合い」は、どちらかがある程度歩み寄ったり妥協したりするという内容で、あきらめたり好きにさせたりするのとは別なカテゴリーです。つまり、こだわりについては、単にあきらめて子どもの好きなようにさせるのではなく、それなりに着地点を見つけ出そうと対応していることが読み取れます。また、「教育」はデメリットの説明をおこなったり、説明の上でおしゃれしてよい場面を約束したり、話し合ったうえで許可をするといった内容です。つまり、華美なおしゃれに対しては、放棄するのではなく、向き合って説明や話し合いをしている姿が読み取れました。

では、それぞれの対応は結果としてどのようになったのでしょうか。問題がほぼ解消したものを「解決」、ある程度解決したり、解決していなくても受け入れるようになったものを「仮解決」、問題が継続しているものを「未解決」としました。一番多かった組み合わせは、「教育」という対応と「解決」という結果の組み合わせでした（77・8%）。また、あきめたり好きにさせるといった「諦観」の場合は「解決」と「仮解決」が半分ずつでした。ちなみに、ある程度理解したうえで認めたり気長に待つといった「許容」は、「解決」が20%でした。データの数が少ないという限界はありますが、どうやら、「教育」という対応によって解決することが多いようです。また、理解しつつ気長に待つ「許容」の態度は、解決を遅らせてしまう可能性も示唆されました。

2．大事なのは普段からのよい関係性

では「教育」をすれば、子どものおしゃれの問題、特に「華美」に関する困り事は解決するのでしょうか。これについては、私が以前おこなったインタビューのデータから重要な示唆が得られているので、それをご紹介したいと思います。

2021年に、未就学または小学生の女の子がいる母親を対象にインタビュー調査をおこないました。子どものおしゃれについて、悩んだこと、困ったこと、そして対応したことなどについてオンラインで話を聞かせてもらい、それをまとめました。[1] そこから見えてきたのは以下のようなものになります。

まず、子どもが活発な性格だからといって華美なおしゃれをするわけではないようです。また、元から（より幼いころから）華美なおしゃれを好む傾向があったとは限らないようです。そして、友人の影響が大きいことも確認できました。[2]

そしてなによりも、おしゃれの困り事への対応方法について有益な知見が得られました。それは、先ほどの「教育」的対応に関するものとなります。[3] 子どもが知らないとこ

ろで化粧をしていたことに気づいた場合などの対応として、急に叱るのではなく、きちんとデメリットを説明したり、化粧をおこなわない素の状態の素晴らしさを説明したりするなど、子どもが納得できる形で話をしていることが確認されました。頭ごなしに叱るのではなく、子どもの状況を理解しようとしたうえで、子どもと同じ目線でしっかりと話し合い、そして子どもに納得してもらうというプロセスです。それによって、子どものおしゃれの問題が解決に至ったようです。

加えて、年齢に応じたおしゃれについては自由に楽しんで欲しいという考えも確認されています。つまり、おしゃれ自体を否定しているわけではなく、あくまでも年齢と見合っていないと感じたおしゃれをやめてほしいものであり、むしろ、おしゃれを楽しむことには賛成の立場でした。そして、話し合ってお互いが納得するおしゃれのルールなどを決めていました。

これらのことから、親なりの考え方に基づいた、子どもの今の年齢におけるおしゃれへの対応方針が根底にあり、それが、その時点での子どものおしゃれへの対応に反映されていることがうかがえます。

このように書くと、「それならば子どもが華美なおしゃれをするようになったら話し合ってどうにかしよう」と思う人がいるかもしれません。そのこと自体は間違ってはいないのですが、必ずしもうまくいかない可能性があります。というのも、先に書いた教育的対応でうまくいったご家庭にはある特徴が確認されているからです。それは、おしゃれに限らず、普段からさまざまなことに対して親から子へ伝える軸となるものがあり、何かの時には話し合いをおこなったりしているという特徴です。子どもや子育てについての考え、そして子どもへの対応方法の軸がしっかりとしており、しつけなどの養育態度として普段から反映されている家庭のようでした。それがおしゃれにも反映されているということのようです。

つまり、普段の親子の関係性があってこそのおしゃれへの対応であって、問題が生じたときに急に話し合っておしゃれをやめさせようと対応するのでは、うまくいかないものと考えられます。普段からの信頼に基づく言動での対応、つまりは普段からの関係性が重要なのです。

3. 親による適切なおしゃれの教育

子どもにおいておしゃれが広まっていっている現状においては、「子どものおしゃれはよくない。やめさせよう」と画一的に禁止するよりも、むしろ、「適切なおしゃれ」について教育していく必要があるのかもしれません。身だしなみのこと、また、自分らしさを表現できるようなおしゃれの仕方、そして、装い身体トラブルなどについて、適切に説明したりするということです。

そのときに重要な役割を果たすのが一般的には親になります。子どもにとって身近で重要な人物はたいていは親ですし、第7章で説明したように、親が子どもに及ぼす影響は大きいからです。そのため、親が子どもに対しておしゃれについての教育をおこなうことは有用だと思われます。

ただし、現状としてはなかなかおこなわれていないようです。たとえば、小学生で化粧を教わったことがあるのは38・8%という結果が得られています[4・5]。つまり、正しい化粧の仕方、適切な化粧の仕方を過半数の小学生は知らないということになります。そのような状況では、不適切な化粧をしてしまう可能性もあります。また、子どもがスキンケア情報を教わった相手は、「お母さん」が多いものの、親の方に目を向けてみると、「子どもの化粧情報について正しい知識を身につけたい」という母親は約半数（51・0%）に留まるようです。そして、身だしなみとしてのスキンケアは許容する一方、メイクアップには相対的に関心が少ないというズレもあるようです。このように、親から子どもへの、化粧の理解や積極的な関わりが不十分であるために、結果として子どもの化粧を野放しにしてしまう可能性があります。親など身近な人が、必要に応じて適切に、肌の手入れや化粧などのおしゃれのやり方について親の側から子どもに教育することも重要といえるでしょう。また、子どもが相談しやすいような普段の関係性を構築しておくことが何より重要なのだと思われます。[6]

4．学校や企業による適切なおしゃれの教育

親以外の環境という点で、学校にも目を向けてみたいと思います。対処や指導をおこなうために必要な一定の判断基準が無いこともあり、実際のところ、学校では積極的な教育は今のところはおこなえていないようです。大久保・斉藤の調査により、小学校と

中学校の教員の82・0%は装い身体トラブルについて認知していないこと、装い身体トラブルについての指導としては、「家庭での指導をお願い」が22・0%で最も多く、次が「特に指導しようと思わない」で20・0%であり、積極的な指導がおこなわれていないことが示されています。[7]

しかし子どもにおしゃれが広まっていることを考えると、今後は学校も、おしゃれやそれによる身体トラブルについて、教員が適切な知識を得て、子どもに化粧品の使用方法や生じうるトラブルなどについて教育していく必要もあるのではないでしょうか。

そして、家庭や学校教育だけではなく、企業やメディアによる啓蒙も有用と考えられます。たとえば、株式会社資生堂は、「キッズのためのキレイクラブ」[8]というウエブサイトにて、小学校4~6年生を対象とした肌の手入れを中心とした情報提供をおこなっています。出前授業もしてくれるようです。このような、子どもの肌や美に関する教育や啓蒙《けいもう》が、今後さらにおこなわれることによって、子どもが適切な装いを知り身につけていくことができるかもしれません。身だしなみについての教育だけでなく、おしゃれについての教育も今後増えていくことが有用だと思われます。

5. 基準が変わる中での対応

どのようなおしゃれが、どのような対象（性別や年齢や地位など）で許容されるかは、時代や文化で異なります。子どもにおいても同様で、一律に時代や文化を超えた基準があるわけではありません。

時代による違いは大きいです。大人であっても、半世紀前であれば、ピアスやタトゥーをおしゃれとしておこなうことは許容されていませんでした。女性がスカートではなくズボンを穿くことが想像されなかった時代もあります。時代によって変わってくるからこそ、現在、子どものおしゃれの許容について考えなければいけない状況になっているわけです。子どもにおいても、一昔前ならば、メイクアップは今以上に認められなかったでしょうし、ネイルをするなんて考えられなかったと思います。

文化による違いも大きいです。たとえば、1歳になる前にピアスをする文化もあります。子どもでも普通にサングラスをする文化もあります。

そのような時代や文化の許容の違いがあるだけでなく、個々人の許容についての考え方の違いもあり、その差は小さくありません。同じおしゃれであっても、それをよしとする人もいれば、そうでない人もいます。だからこそ、どこまで許容するかの議論は答えを見いだせないのです。

ただ、少なくとも現在の日本では、子どものおしゃれが全面的に許容されているわけではないことは間違いないでしょう。よしとする人もいますが、そう判断しない人がそれなりに存在します。

これまで見てきたように、おしゃれはそれなりに子どもに広まってきています。それにともない、今後、社会の側の許容も変化していく可能性はあります。しかし、そのような変化が生じたとしても、親をはじめ周囲の人々は、子どもが身体のトラブルを引き起こすようなおしゃれを安易におこなわないように、そして、おしゃれにとらわれないように注意していく必要があります。

6. おしゃれの安易な禁止の悪影響

これまでにも指摘してきましたが、おしゃれへの興味や関心を刺激するような社会環境がある以上、おしゃれに興味を持った子どもに対して単におしゃれの禁止を押しつけるだけでは、対応しきれないことでしょう。そもそも、なにかを禁止してそれが完全にうまくいった例は世の中にほとんど無いのではと思われます。

また、おしゃれを禁止した場合、隠れておこなうようになるという問題も往々にして生じがちです。親の目が届かないところでおこなうようになると、装い身体トラブルが生じたり友人との何かしらのトラブルが生じたりした際に、対応が後手になってしまう可能性もあります。禁止というのはそのような危険もともなうのです。

それでは、学校での禁止はどうでしょうか。それを考える時には、なぜ禁止としているのか、なぜ禁止とする必要があるかを考えないといけません。おしゃれを禁止することによって品行方正になると考えて校則ができたのでしょうか。もしくは、勉学に励むようになると考えてできたのでしょうか。

その答えはわかりませんが、校則のすべてが現在において意味のあるものとは限らないと思われます。昨今は、「ブラック校則」という言葉も作られ、以前からある理不尽な校則が問題視され、変える試みもおこなわれるようになってきました。そういうことができるような時代になってきたわけです。そのような時代なので、規則に反発するだけではなく、理不尽な校則を変えておしゃれの自由の程度を少し広げるということも、選択肢の一つでしょう。[9]

7. 規則とのせめぎ合いと社会性の発達

現状の規則とのせめぎ合いは経験としても大事なことだと思います。場合によっては規則を変えるということも含め、今の規則を守りつつもせめぎ合って逸脱することもある、そのような経験が成長の上では大事なのではないでしょうか。おそらく大人の読者の方々も、ちょっと規則を破ったりしたことはあるのではないでしょうか。ドキドキしつつ、背伸びをしつつ、楽しみながら。それが友人との結びつきを強めたり、思い出になったりすることもあるでしょう。もちろん法律や人の道に反するようなことはいけませんが、思い切って規則を逸脱するぐらいが、子どもの成長にとっては意味のある経験になるのかもしれません。[10]

また、学校でのおしゃれは、社会性の発達という点でも重要なものといえます。本書でもこれまで触れてきましたし、また、風戸によっても指摘されているように、[11]学校という社会において、おしゃれというツールを用いて仲間集団との同調や差異化がおこなわれています。友人とのコミュニケーションを通して、情報交換をおこなったり、友人と同じようなおしゃれをしたりおそろいにしたり、かといって、完全に同じになるのではなくちょっとした自分なりのアレンジを加えてみて個性をあらわしてみる、そういうおしゃれによる試み、そして遊びがおこなわれているのです。つまり、自分らしさを探しつつ、社会への適応の試みを、おしゃれを通しておこなっているといえるでしょう。その点でも無碍《むげ》に禁止できるようなものではないように思われます。

　別の視点から見てみると、規則による禁止というのは、枠組みを与えるという点では意味があると言うことが可能かもしれません。完全な自由というのは、どのように行動してよいのかわからなくしてしまうこともあるからです。周囲の大人たちが「適切」な枠組みを提供し、そしてその枠組みの中でおしゃれを模索していくのは、子どもの発達にとって大事なプロセスとも言えるでしょう。

8. 適切な対応のために

今の社会は、見た目についての意識やおしゃれな行動を煽《あお》りすぎているようにも見えます。そのことが、見た目への不満など心理的にネガティブな状態を引き起こしている可能性もあります。おしゃれにとらわれてしまう可能性もあります。また、他者から心ない言葉が投げかけられることもあるかもしれません。それは外見という軸があまりにも価値を置かれているからとも言えます。

そのような現状において、子どものおしゃれを単に禁止したり、もしくは目を背けたりするだけでは、おしゃれの低年齢化や、装い身体トラブルの増加、そしておしゃれや外見についてとらわれるといった心理的な問題などに対応できなくなってしまうと考えられます。そのため本章3節や4節において書いたように、適切なおしゃれを教えるということを考えていく必要もあります。

とはいえ、おしゃれの知識を教えることによって、もっとおしゃれをするようになってしまうという危惧を抱く人もいるかもしれません。実際に、第7章では、親がおしゃれについて積極的に話すほど、子どものおしゃれ経験頻度は大きいという結果も確認されています。しかし小学生もインターネットを見て、街中にも情報があふれていてそれを目にしたりしている昨今、子どものおしゃれの低年齢化は避けられない可能性が高いと考えられます。つまり、親が教えなくても、子ども達はおしゃれをおこなっていくようになっていくと思われます。そのため、見た目についての考え方や適切なおしゃれについて、大人は考え対応していく必要があると考えられます。[12] そして、もし教育などの対応をおこなうには、古い考えや偏った考え方にとらわれないで、現状を知ったうえで教育をおこなっていく必要があります。

有効な対応をするためには、家庭と学校との連携も重要になってくるでしょう。学校ではダメとしているのに家庭ではよしとしてしまうと、学校でトラブルの元になりかねません。逆に学校では許容されているのに、家庭ではダメだとされると、子どものストレスになることもあるでしょう。また、家庭では多様な側面を認めるようなかかわり方をしていても、社会が外見についての意識を煽っているのであれば、家庭での試みもうまくいかなくなってしまう可能性もあります。それぞれが実態を適切に把握した上で、どのようにあるべきか、どのようにして関わっていくかを考えていく必要があります。

本章のまとめ

○おしゃれの困り事には教育的対応が効果的な可能性がある。
○教育的対応は普段からの良好な関係性があって成り立つため、付け焼き刃でおこなってもうまくいかない可能性が高い。
○親や学校や企業が適切なおしゃれの仕方を教えるということも重要と考えられる。
○おしゃれをどこまで許容するかという明確な基準はなく、時代や文化の影響をうける。個人差もある。
○規則とせめぎ合いながらおしゃれを模索していくのも、発達においては重要と考えられる。

〈注〉

1 鈴木公啓「子どもの装いについての親の悩み　内容と対応と現状についての質的調査とインタビューからみえてくるもの」(『未来の保育と教育　東京未来大学保育・教育センター紀要』、9、59-68頁、2022年)

2 友人の影響については第6章でもふれていますので、そちらも参照してください。

3 「教育」というラベルのために身構えてしまう人がいるかもしれませんが、ここでの内容は、あくまでも、子どもと向き合ってちゃんと説明し話し合う、ということです。そのためにも、親が子どものおしゃれにある程度関心をもって（装い身体トラブルなども含めて）知識を得ておくことも必要だといえます。

4 株式会社ジェイ・エム・アール生活総合研究所「女子小学生の化粧意識と実態調査」（2013年）https://cdn.kyodonewsprwire.jp/prwfile/release/M102217/201309104486/_prw_PR1fl_SkMUyyHe.pdf

5 なお、教わった相手としては、ほとんどの子どもが母親と回答していました。

6 注4と同じ

7 大久保香梨・斉藤ふくみ「小中学生のおしゃれに関する研究　主におしゃれ障害に関して」（『茨城大学教育学部紀要　教育科学』、63、219-230頁、2014年）

8 https://corp.shiseido.com/kids/jp/

9 制度に反発するのではなく、制度を変えていくということは、子どもも大人も重要なことではないでしょうか。もちろん、何でも変えて自由にすれば良いというものではありませんが。

10 もちろん、逸脱を積極的に勧めているわけではありません。また、逸脱によるトラブルには注意する必要があります。

11 風戸真理「身体装飾をめぐる子ども・大人・社会の交渉」（『コンタクト・ゾーン』、9、347-366頁、2017年）

12 子ども自身も、見た目やおしゃれについて、しっかりと考えていくことが大事です。

第10章　子どもにとってのおしゃれの意味や意義

現在、多くの子どもが見た目を意識しています。これから先、子どもの見た目への意識やこだわりの程度が強くなっていく可能性は大いにあります。また現在すでに、見た目にこだわりおしゃれに力を入れる子どもも、多くはありませんが確かにいます。そのような子どもの数が今後増える可能性はあります。そして、おしゃれのツールの種類が増えたりおこなう頻度が大きくなったりしていく可能性もあります。

このような現在の社会において、何に気をつけないといけないのか、どのように子どものおしゃれを考えていくのがよいのか、ここでまとめてみたいと思います。これまでの章を振り返りながら読んでもらえたらと思います。

1．おしゃれを通して社会や自分と向き合う

第1章で説明したように、装いにはさまざまな心理的・社会的機能が存在し、そこか

ら効用が生じます。たとえば、他者から肯定的な評価を得られるといった効用は、子どもがおしゃれにのめり込んでいく動機となるに十分だといえます。子どもの方が露骨に他者の見た目を評価する傾向があるため、おしゃれの効用への期待は大人に比べてより大きなものとなる可能性があります。

そして実際におしゃれを試みて魅力的に変化する経験をすると、他者から肯定的な評価が得られるという効用を実感できるようになるため、おしゃれへの傾倒はより強固になっていくと考えられます。そうすると周囲の子どもも、おしゃれをしている人がそれによって効用を得ている状況を身近で見ることにより、おしゃれに一層興味をもったり、実際におこなったりするようになっていきます。もちろん、おしゃれの評価だけにこだわるのはよくないことではありますが、おしゃれにより肯定的な評価が得られるということ自体は、うれしいことであり、本人の心理面にポジティブな影響を及ぼします。

また、他者の評価とは別に、おしゃれになることによって子ども本人の気分が向上するといったことも生じます。それもまた、本人の心理面にポジティブな影響を及ぼします。このように、子どもはおしゃれによって、社会と自分に向き合っているのです。それは大人も子どもも同じです。

2. 子どものおしゃれがダメとされる理由

おしゃれの効用があったとしても、これまで見てきたように、子どものおしゃれに対してネガティブな視線が向けられることが少なくありません。でも、よくよく考えてみると、なぜ子どものおしゃれは社会においてダメとされがちなのでしょうか。

ここでちょっと想像してみましょう。もし、世の中で収入を得たり他の人から褒められたりするには歌の才能が必須の世界であれば、皆さんはどうするでしょうか。大人は子どもにどのようなことを期待するでしょうか。

皆、歌の練習に励んで普段から歌のことを考えて、いつも歌を歌ったり披露したりするのではないでしょうか。そして大人は子どもに、もっと歌の練習に取り組むようにい い、歌の上手さで子どものことを評価するのではないでしょうか。歌による評価がとても重要視されている、つまり、歌にとても価値がおかれている世界ではそのような状況になると思われます。

一方、私たちが生活しているこの現実の社会では、特に子どもにおいては勉強の成績に大きな価値がおかれています。[1]つまり、勉強ができる子が褒められる社会です。そのため、子どもは勉強するように言われたり、塾に通ったりしているわけです。またスポーツにも価値がおかれていて、部活動に励んだりスポーツに打ち込んだりしている子どももいます。そのような子どもも高く評価されます。そして、場合によっては、その社会で価値が相対的に低いとされがちなものに取り組むことが制限されてしまったりします。たとえばですが、歌をうたっている暇があったら勉強しろといわれる、というようなことがありえるわけです。[2]このように、一般的に世の中の何に価値がおかれるかによって、やっていいこと、推奨されることが変わってきます。そして、禁止されたり制限されたりするものも変わってきます。

さて、ここでもう一度考えてみましょう。もし、見た目のよさやおしゃれの上手さが世の中で生きていく際にもっとも価値があるものとされている世界であったらどうでしょうか。皆、見た目を磨き、おしゃれに励むのではないでしょうか。そして、それを大人は否定せず、むしろ推奨するのではないでしょうか。

つまり、「子どものおしゃれはダメ」という価値観はあくまでも相対的なものであり、現状としてはおしゃれの価値が低く見積もられているから、それよりも勉強をするように言ったりするわけです。親や社会の勝手ということも可能かもしれません。

勝手というと、生徒から社会人への移行における問題も指摘できるかもしれません。従来は、女性の化粧開始年齢は一般的には高校卒業時、つまり就職のときであり、化粧は社会に出るための大人の女性の身だしなみの一つとしてとらえられていました。[3] そして、高校生まではおしゃれが禁止され、抑制されているのに、社会人になると身だしなみとして急に化粧が求められ、服装もそれなりに気を配ることが求められるのです。[4]

このギャップで苦労した（している）人もいるのではないでしょうか。化粧の仕方がわからない、服装のルールもわからない、けれども社会からは規範に従うことを急に求められる、そのような理不尽さを感じた人もいるかと思われます。これもまた、社会の側の勝手とでもいえるでしょう。社会の側の勝手がずいぶんあるということを、我々は認識しておく必要があるように思われます。

3. 人の評価軸は多様である

おしゃれに限らず重要なことの一つとして、人の評価軸は多様であるということが挙げられます。人は、勉強であったりスポーツであったり、歌であったり絵であったり、会話であったり、そして性格であったり、多様な軸で評価されることが望ましく、一つの軸だけに偏るのはよくないこととといえます。

何事も、バランスが大事です。一つのことにすべてをかけてしまうと、他のことがないがしろになってしまいがちです。また、一つのことだけに執着が強いとその側面において問題が生じてしまいます。たとえば、常に頭の中がそのことでいっぱいになったり、それによって生活が振り回されたり、場合によっては対人関係でトラブルを生じたりする可能性もあります。

また、一つのことにすべてをかけてしまうと、それがうまくいかなかった場合に問題が生じることもあります。たとえば、勉強に専念していたけれども大学受験に失敗した、または、スポーツに専念していたけれどもケガでできなくなったといった場合に、その後に心の状態を回復させるのは大変だったりします。

これらは、おしゃれにとらわれてしまっている子どもでも同じです。見た目やおしゃれにこだわったりするのは、そこに価値をおいているからです。価値をおくこと自体は別にかまわないのですが、価値をおきすぎてそれにとらわれてしまうと、他のことに興味が向かなくなったり、また、他者と競い合ったりしてストレス状態になったりすることもあるでしょう。理想とのズレに苦しむこともあるでしょう。

そうならないためにも、もしくは、そこから脱却するためにも、大人は、子どもに対し、外見も大事だけれども評価はそれだけではないということ、たくさんの軸がありそしてその選択は自由であるということ、そしてなによりも他にもたくさん良いところがあるということを、うわべだけでなく、一時だけでなく、信頼関係の上で伝えていくことが大事といえます。

子どもにそれがしっかりと伝わることによって、子どもが必要以上に見た目やおしゃれに価値をおいたりとらわれなくなってくるのではないでしょうか。子どもの健やかな成長のためにも、その子どもの一人の人間としての「その人らしさ」、そしてなによりもその子どものすてきなところを認めて伸ばしていくことが大事だと考えられます。そのことによって、子どもは自分のことを受け入れていくようになるのだと思われます。

4. あらためて親の影響を考える

親の影響が大きいことは第7章でも確認しましたし、他の章でもふれました。親がおしゃれに積極的であると、子どもはその影響を受けることが多いです。また、第9章でも説明したように、母親を対象としたインタビューにおいて、華美な装いをおこないはじめた子どもに対して、頭ごなしに叱ったり問い詰めたりするのではなく、話を聞き、そして装いについて説明するという対応が重要であることが示されています。そしてそれは、装いに限らない普段の親子関係がベースになっていることも確認されました。子どもの健やかな心身の発達のためにも、親子関係が良好であることは大事といえます。

親（特に母親）の影響は大きいことを踏まえ、親は子どもにとって適切な化粧方法を知り、そして伝えるだけでなく、そもそも子どもがなぜおしゃれをしようとするのか、その背景にあるものについてもできるだけ理解する必要があると考えられます。そしてその上で、従来の社会規範の枠にとらわれずに、子どものおしゃれに向き合っていくことが重要と考えられます。その際には子どもの発達段階も考慮する必要があるといえるでしょう。どれも当たり前のことかもしれませんが、その重要さを再度認識して、個々人そして社会全体が取り組んでいくことが大切と思われます。

そうそう、大事なことを伝えておきたいと思います。子どもがおしゃれに興味をもって試してみた時の話です。それを見た時には、決してからかったり否定したりしてはいけません。子どもがおしゃれに取り組み始めたときは、自分の姿を見ながら自分がどう変わるのか確認しながら、楽しみながら、そして不安を感じながらおこなっているものです。皆さんも、どきどきしながら口紅をしてみたり、おそるおそるピアスの穴をあけてピアスを取り付けてみたり、興奮しながらそして不安を感じながら髪を染めたりしたことがあるのではないでしょうか。

おしゃれがはじめからうまくいくとは限りません。むしろ、端から見たらちょっと不自然なこともあるでしょう。そういうときに大人がからかったり、頭ごなしに否定してしまうと、その後に子どもが大きくなってからもおしゃれを放棄してしまったりするだけでなく、親を信頼しなくなったり、心理的なダメージが残ってしまう可能性があります。おしゃれをし始めた時ではなくとも、見た目に関するからかいは、言われた側の心理的な健康に悪影響を及ぼしたり、たとえば体型であったら極端な減量に至らせたりすることが明らかにされています。

そもそも、人を悪く言うのはよくないことであり、してはいけないことです。たとえば、普通は人に向かって「あなたは頭が悪いよね」とか「あなたは音楽の才能がないよね」と言ったりはしないでしょう。それと同じで、見た目についても人のことを悪く言ってはいけません。その一言が、相手を大きく傷つけるのです。繰り返しますが、からかいと否定は禁物です。それは大人から子どもに対してであっても、子ども同士のものであっても同様です[5]。

5. おしゃれの意義を振り返る

おしゃれは人間にとって重要なものです。所属する社会の中で選択され用いられる数《あま》多《た》のツールの一つであり、そしてその集団の中で対人関係を構築して社会生活を営むうえで重要なツールの一つです。またそれだけでなく、自分と向き合う上でも重要なツールの一つでもあります。以前にも書きましたが、自分がどのような人間であり、どのような人間になりたいのか、どのような人間であるべきかを探っていくツールでもあるのです。社会に出て行くにあたり、社会の枠を意識しつつ、その中で自分らしさを探して表出していくためにも重要なものといえるでしょう。うまく使うとコンプレックスを解消することができ、社会に積極的に向き合っていくことができるようになったりもします。

そのように考えると、子どもに広がっているおしゃれを一律でよくないものとして対処することは、乱暴な対応といえるのかもしれません。前にも書きましたが、そもそも、禁止することは簡単ではないことに加え、禁止により別の問題が生じる可能性もあります。安易に禁止したり制限するのではなく、どうやって適切な使用法を教えるかということを考えていく方が有益な可能性もあります。それには、家庭と学校と社会の役割が大きいと考えられます。

その際、大人からみた子どもの健全で正しい発達という観点だけでなく、子ども主体の観点からも考えていく必要があると考えられます。つまり、なぜ子どもがおしゃれをしようとしているのか、その背景にある心理を理解する必要があるということです。そのためにも、大人がおしゃれのことを知る必要があります。読者の皆様も、なぜ自分がおしゃれをするのか、振り返ってみるのもよいかもしれません。

以上、おしゃれの意義などについて本書をふりかえりつつまとめてみましたが、とはいえ、これも繰り返しになりますが、手放しで子どものおしゃれをすべて認めるというのも問題となりえます。小さい頃からのおしゃれへのこだわりは、心理的に問題を生じさせる可能性もあります。見た目にとらわれてしまって、また、自分の評価軸がそれだけになってしまう可能性もあるのです。身体のトラブルにつながることもあります。親をはじめ、周囲の人々は、子どもが過剰に外見を気にしてしまうような発言を子どもに対して安易におこなわないようにし、また、自分の行動に巻き込まないように気をつける必要があります。

6. おしゃれを楽しめる社会に

見た目がより重視される社会になってきているようにも思われます。また、見た目の良さが重要であると煽《あお》るような社会になってきているようにも思われます。確かに、見た目を整え飾ることは大事なことでもありますが、すべてが見た目で決まってしまう世の中は不健全ですし、また、おしゃれにこだわりすぎるのも不健全です。[6] そのような中で、おしゃれを一概に悪いものとするのではなく、おしゃれの意義を尊重しつつ、おしゃれを活用していけることが、これからは一層重要になってくるように思われます。

自分らしく、そして社会とそれなりに向き合いながら、おしゃれを楽しんでいくということは、子どもにとっても重要なことです。大人は子どものおしゃれを否定やからかいではなく受容することが大事です。場合によっては親や周りの人、もしくは社会が手助けしていくことが必要となる場合もあるでしょう。そのような環境の中で子どもが自分自身を理解して自分と今後もつきあっていけるような社会、そしてある程度の範囲でおしゃれに楽しんで取り組んでいける社会、そのような社会が望ましいように思われますが、どうでしょうか。

〈注〉

1　一昔前ほどではないかもしれませんが。

2　もちろん、一般的には勉強に価値を置く社会の中であっても、周りの人が絵を描くことに価値を置くような環境であれば、絵を描くことが推奨されることになります。

3　石田かおり「児童・生徒の化粧実態とその問題点　化粧教育提案のための実態分析」(『駒沢女子大学研究紀要』、13、27-41頁、2006年)

4　大学生の場合は、移行期間にいるようなものなので、多少はそのギャップが緩和されると思われます。

5　もちろん、大人同士であっても同様です。

6　こだわりすぎて不健全になるのはおしゃれに限りません。何事もほどほどがよいと思われます。

おわりに

1．アップデート――データをもとに現状を識《し》る

この本を読んでみて、どのような感想を持たれたでしょうか。「確かにそうだろうな」と思うところもあれば、「そうなんだ⁉」という驚きを持ったところもあったかもしれません。これまでの知識や考えをアップデートできたのであれば、この本は役割の一つを果たせたのだと思います。

子どものおしゃれについては、「低年齢化」というラベルとともに、ネガティブな捉えられ方や扱われ方をされることが多いようです。しかし、それらの多くは、実態については不明なまま議論がおこなわれているように思われます。このような状況では、実態が不明なまま、偏った認識や評価を人々がおこなっていってしまいかねません。

心理学は、基本的には調査や実験によって、人の心や行動を明らかにしようとする学問です。そこでは、データで物事を明らかにしていく取り込みがおこなわれています。

この本は、心理学の枠組みで、子どものおしゃれの実態やその背景などについて明らかにすること、そしてその知見をお伝えすることを試みました。

これまでさまざまな研究によって明らかにされてきた内容に加え、私や研究仲間がおこなった最新の知見も加え、皆さんが考えるきっかけになるような内容とストーリーになるようにしてみました。その試みがうまくいっていることを願います。

2. 扱わなかったことその①――おしゃれとお小遣い

本書を終える前に、みなさんからたまに質問をいただくものの、本書では扱わなかったトピックについて触れておきます。それは、お小遣いとおしゃれについてです。

お小遣い（お金）とおしゃれに関する内容を期待した人もいるかもしれません。しかしそれは今回の本筋から少し逸れてしまうため、本書では扱いませんでした。そもそも、おしゃれに使う金額がどのくらいであるかを知っても、あまり意味が無いようにも思われます。お小遣いの金額は、学年によって、また、地域によって、そして、各ご家庭によって異なります。同じくらいおしゃれに興味や関心をもっていても、お小遣いの額によって、おしゃれに使う金額も異なることでしょう。そのため、おしゃれに使う金額の平均的な値がわかっても、あまり役に立たないのではないでしょうか。[1]

むしろ、子どものいる環境（友人の状況や居住地域の特色）をよく見たうえで、子どもと相談して方向性を決めていくことが大事だと思われます。これはおしゃれに限らないことではないでしょうか。お小遣いをどのくらいにするか、ゲームを買うか買わないか、ゲームをする時間をどのくらいにするのか、スマートフォンを使う時間はどのくらいにするのか、子ども一人で（もしくは友達と）どのくらいの範囲まで遊びに行かせるのをよしとするのかなど、家庭で子どもと話し合いながら決めて行くことはたくさんあると思います。おしゃれも、そのようなことの一つといえます。第9章で、大人と子どもとで話し合って決めていくことの大切さを書きましたが、おしゃれを特別視せずお互いに納得できるように十分に話し合うことがまずは大事なのだと思われます。

3．扱わなかったことその②――「ファッション書籍」

今回特段扱わなかった影響要因の一つに書籍があります。本書では「読モ」などの影響について言及する際に、ファッション雑誌について触れました。似たような役割を果たしているものとして、書籍も挙げられるでしょう。

子どものおしゃれをテーマにした書籍は、近年数多く刊行されています（図おわりに-1）。それらの書籍では、肌の手入れの仕方やネイルの仕方、ヘアアレンジの仕方、ダイエットの仕方など、多くの情報が扱われています。これは以前はあまりなかった種類の書籍といえそうです。このような書籍が、子どものおしゃれへの興味や関心を喚起している可能性はあります。ただ、子どもの側にニーズがあるからこそ、このような書籍が刊行されているのだとも考えられます。

第6章で、おしゃれの情報源としては雑誌がSNSよりも選択されていないことが示されていますが、書籍も同様と思われます。しかし、小学生であればスマートフォンやSNS利用が制限されることが多いため、雑誌や書籍から情報を得ようとする層が、ある程度はいると考えられます。また、積極的にそれを参考としなくとも、目にすることで、おしゃれへの意識が喚起されるということもあるでしょう。

問題は、内容が適切かどうかです。これまでの書籍の多くは、健康的な肌の手入れや、健康的なダイエット、ある一定の範囲内でのおしゃれの仕方、そして何よりも楽しみ方を掲載しているものが多いように思われます。健康で身体に負担のかからないことを前提とし、また、内面の美しさについても触れるなど、健全な内容が扱われているようです。見た目に悩んでいる子どもへのアドバイスもあったりします。全体としては、子どもが元気に健康的におしゃれをして生活を送るうえで有用な書籍が多いように思われます。しかし、一部の書籍では、いわゆる従来の「子どもらしさ」を逸脱するだけでなく、子どもの身体への配慮があまりうかがえない（危険性に十分に触れられていない）ようなものもあるようです。子どもが興味を持った際に、適切な手引になる書籍が増えることを期待します。

図おわりに-1　子どものおしゃれをテーマにした書籍の一例

『自分をもっと好きになる【ハピかわ】かわいいのルール』（編集：はぴふるガール編集部、イラスト：双葉陽、池田書店）

　ところで、子ども向けのおしゃれについての書籍が、おしゃれへの考え方を偏らせてしまう可能性もあります。書かれていたことを唯一の正解として考えてしまうことがありえます。もちろんそれは、書籍に限らずSNSでも同様です。ただ、先述のように書籍のほうがより低年齢の子どもが目にすることが多いと考えられますので、その影響はより大きい可能性があります。そこで、周囲の大人が適切に視野を広げてあげることも大事だと思われます。

4. 今後の課題――男子は？

今回、基本的には女子のおしゃれを対象に説明をおこなってきました。それは、「はじめに」でも書いたように、これまでは、女子の方がより外見を意識し、そして積極的におしゃれをしていることが示されていたからです。そのこともあって、資料も女子を対象としたものがほとんどでした。そのため、本書でもまずは女子のことについてまとめてみよう、そしてお伝えしてみようとして内容を構築しました。

しかし実は、ごく最近（2024年）のとある調査によって、外見に関する意識や行動に、小学生の段階で男女差がほとんど無い可能性が示唆されました。おしゃれが低年齢層でおこなわれるようになってきたのみならず、今や性差もなくなってきたようです。ここには、思春期青年期の男性がいっそうおしゃれをおこなうようになってきたこと、また、それがユニセックスやジェンダーレスの特徴を持っていることなどが影響している可能性もあります。さらにその背景には、メディアの影響も考えられます。もちろん、親の考え方の変化などもあるでしょう。

男子を対象とした調査はほとんどおこなわれていないのが現状ではありますが、このような状況をふまえると、男子のおしゃれの実態、また背景要因などについても今後明らかにしていくことが求められるかもしれません。

5. 最後に大事なこと

おしゃれそのものは悪いことではありません。それは大人においても子どもにおいても同じです。子どものある程度のおしゃれ、そして、おしゃれをしたい気持ちを認めてもよいのではないかと思われます。

そもそも、大人だって、そんなに全員が模範的なおしゃれをしているわけではありません。おしゃれは、そのブレ幅があってこそ、おしゃれなのだと思います。かといって、なんでもかんでも自由というのもやはりあまりよくないように思います。

本書で触れたように、装い身体トラブルなど心身に悪影響を及ぼすことがあるからです。

それだけでなく、制限されているからこそ、そこから脱した時の喜びというものがあると思われるからです。中学生になったらスマートフォンを持ちたい、高校生になったらアルバイトしてみたい、成人したらお酒を飲んでみたいなど、あるところまでは我慢して楽しみにしている、そしてそこに至ったら楽しみにしていたことをおこなう、そのことの快感とでもいえるものは、皆さんもこれまで経験があるのではないでしょうか。そういう点で、子どものころにあまりおしゃれを自由におこなうというのも、考えものと思われるのですがどうでしょうか。

ともあれ、おしゃれを健全に楽しむことができる社会というものを意識してみるのもよいのではないでしょうか。その方が、より日々が楽しくなり、そして人生が充実したものになるように思います。おしゃれ（装い）にはその力があり、そして人はその力をうまく活かしていけるはずなのですから。

〈注〉

1　親がそれを見て安心するか焦るか、そのくらいにしかならないように思います。とはいえ、気になる人はいるかもしれませんので、少しだけデータをご紹介しておきます。私が2018年におこなった調査のデータでは、親が娘のおしゃれに1ヶ月あたりで使う金額（お小遣いで購入するのは除く）は、未就学児も、小学生も中学生も高校生も、2000円未満が6～7割程度で、5000円未満で9割に至ることが確認できています。なお、年齢層による差は確認されませんでした（クラメールのV=0.07、p=0.123）が、その理由としては、年齢が上になると、自分のお小遣いで購入することが多くなるためと考えられます。

あとがき

どうにか、子どものおしゃれの心理学に関する書籍を世の中に送り出すことができました。データを多く用いながら、（意外なものも含めて？）実態を示しつつ、子どもも大人も考えていくための視点をできるだけ広く提供できたらと思って執筆しました。読まれた皆様、どうだったでしょうか。本書が、皆様が子どものおしゃれに対して考えるきっかけの一つに少しでもなったのであれば幸いです。

私は装いの心理学を研究しています。実は、装いというテーマは低俗と見なされることが多く、このテーマを研究する心理学の研究者は決して多くはありません。そのため、ここ数十年、装いの心理学の研究の進みは遅々としたものとなっています。そのような状況のなか、少しでも装いの心理学的研究が発展することを願って研究をおこない、また、いろいろな取り組みもおこなってきました。

その中には、メディアの取材をうけることも含まれていました。そして最近は、子どものおしゃれをテーマとした取材が多い傾向にありました。これは、世の中が子どものおしゃれに興味や関心を抱いているということの現れと考えられました。ちょうど、子どものおしゃれについての研究をいくつかおこなっていたこともあり、せっかくなのでこれまで得た知見を世の中にお伝えすることができたらと思うようになりました。

その結果生まれたのがこの書籍です。この書籍が、読者の皆様が子どものおしゃれの心理学に興味を持つきっかけになり、ひいては、装いの心理学についての興味を持つきっかけになればうれしく思います。

ちなみに、新書を書くのは初めてでしたが、楽しく書くことができました。思ったよりもスムーズに進んだようにも思います。とはいえ、不十分なところやわかりにくいところなどがあるかもしれません。その場合は申し訳ありません。

最後になりましたが、お礼を述べさせていただきます。

ちくまプリマー新書の編集者甲斐いづみ様には、完成までいろいろとお世話になりました。急に企画を持ち込んだ私の企画の意図を酌んでいただき、出版へのプロセスに乗せていただきました。また、原稿に対して有益なコメントをいただき、おかげさまで読者に内容がより伝わりやすいものとなりました。感謝申し上げます。

そして、これまで出会ってきた多くの方々に感謝の言葉を述べさせていただきたいと思います。一研究者として研究人生を送ってくることができたのも、これまで出会ってきた多くの方々のおかげです。ありがとうございます。西のR氏やお世話になった先生方にこの書籍の公刊の報告をするのも楽しみです。

さて、最後の最後に、子と妻と実家の家族の皆に感謝の言葉を述べてキーボードから手を離したいと思います。ありがとう。

さてさて、最後までお読みいただき、ありがとうございました。

それでは、またご縁がありましたら……。

2025年1月吉日

まだもう少しできる、と願いながら

鈴木公啓

ちくまプリマー新書

336
ダイエット幻想
——やせること、愛されること
磯野真穂
モテたい、選ばれたい、認められたい……。ダイエットの動機は様々だけど、その強い思いで生きづらくなっていませんか？　食べると生きるをいま見つめなおそう！

207
好きなのにはワケがある
——宮崎アニメと思春期のこころ
岩宮恵子
宮崎アニメには思春期を読み解くヒントがいっぱい。物語は、言葉にならない思いを代弁し、子どもから大人への橋渡しをしてくれる。作品に即して思春期を考える。

433
10代の脳とうまくつきあう
——非認知能力の大事な役割
森口佑介
幸福な人生のためには学力以外の能力も重要。目標の達成に関わる「実行機能」や、自信に関わる「自己効力感」など、10代で知っておきたい非認知能力を大解説！

428
「死にたい」と言われたら
——自殺の心理学
末木新
日本人の約2％が自殺で死亡している。なぜ自殺は起こるのか、自殺は悪いことなのか、死にたい気持ちにどう対応するのか——心理学の知見から考える。

449
「叱らない」が子どもを苦しめる
藪下遊
髙坂康雅
「叱らない」教育に現役スクールカウンセラーが警鐘を鳴らす一冊。なぜ不登校やいじめなどの問題は絶えないのか。叱ること、押し返すことの意義を取り戻す。

ちくまプリマー新書

467 東大ファッション論集中講義　平芳裕子
ファッションとは何か？　衣服とは？　12のテーマを通じて歴史と未来に問う。東大生の反響を呼んだ一度きりの特別講義が一冊となってよみがえる。

338 世界はデザインでできている　秋山具義
デザインはどのように見られ、どのように機能しているのか。広告、商品パッケージ、ロゴデザイン、装丁などで活躍中のアートディレクターが語る効くデザインとは。

384 ファッションの仕事で世界を変える――エシカル・ビジネスによる社会貢献　白木夏子
地球を蝕む社会問題への取組みと、キラキラ輝く自分の夢の追求と、ビジネスへの挑戦心――すべて一緒に叶えるのがエシカル・ビジネス。その実践への教科書。

275 アイドルになりたい！　中森明夫
アイドルになりたい！　アイドルのことを知りたいし、楽しみたい！　そんなきみのための、初の本格的アイドル入門本。面白くて役に立つ、全く新しい本！

484 自分にやさしくする生き方　伊藤絵美
セルフケアは「一人で頑張る」ものではありません。本書と一緒に、心の根っこにあるストレスに気づき、解消して、自分にやさしくする技術を身につけましょう。

chikuma primer shinsho

ちくまプリマー新書 488

子《こ》どものおしゃれにどう向《む》き合《あ》う？　装《よそお》いの心理《しんり》学《がく》

二〇二五年四月十日　初版第一刷発行

著者　鈴木公啓（すずき・ともひろ）

装幀　クラフト・エヴィング商會

発行者　増田健史

発行所　株式会社筑摩書房
東京都台東区蔵前二－五－三　〒一一一－八七五五
電話番号　〇三－五六八七－二六〇一（代表）

印刷・製本　株式会社精興社

ISBN978-4-480-68520-9 C0211 Printed in Japan